Diário de PAOLA

EDITORA EME

Solicite nosso catálogo completo, com mais de 500 títulos, onde você encontra as melhores opções do bom livro espírita: literatura infantojuvenil, contos, obras biográficas e de autoajuda, mensagens espirituais, romances, estudos doutrinários, obras básicas de Allan Kardec, e mais os esclarecedores cursos e estudos para aplicação no centro espírita – iniciação, mediunidade, reuniões mediúnicas, oratória, desobsessão, fluidos e passes.
E caso não encontre os nossos livros na livraria de sua preferência, solicite o endereço de nosso distribuidor mais próximo de você.

Edição e distribuição

EDITORA EME

Avenida Brigadeiro Faria Lima, 1080 – Vila Fátima
CEP 13369-040 – Capivari-SP
Telefones: (19) 3491-7000 | 3491-5449
Vivo (19) 9 9983-2575 | Claro (19) 9 9317-2800
vendas@editoraeme.com.br – www.editoraeme.com.br

/editoraeme @EditoraEme
@editoraeme editoraemeoficial

PAOLA D'ÁVILA

Diário de PAOLA

Capivari-SP • 2023

A Editora EME mantém o Centro Espírita Mensagem de Esperança e patrocina, com outras empresas, instituições de atendimento social de Capivari-SP.

1ª edição - março/2023 - 3.000 exemplares

CAPA E DIAGRAMAÇÃO | André Stenico
REVISÃO | Rubens Toledo

Ficha catalográfica
d´Ávila, Paola,
Diário de Paola / Paola d´Ávila - 1ª ed. mar. 2023 - Capivari-SP: Editora EME.
240 p.

ISBN 978-65-5543-089-9

1.Espiritismo 2. Princípios espíritas 3. Conflitos familiares 4. Diário
I. Título.

CDD 133.9

Agradecimentos

... A Marcelo Uchôa, que me indicou a Editora EME, e também à sua equipe, pelos conhecimentos adquiridos nos programas veiculados pela plataforma Mediunidade & espiritismo.

... A doutor Haroldo Dutra Dias e sua equipe, pelo acesso aos estudos sobre o Velho Testamento, que me permitiram, à luz da doutrina espírita, aprofundar o entendimento das Escrituras Sagradas, sobretudo os livros *Gênese* e *Êxodo*,

... À Editora EME, pelo acolhimento e carinho, e ao seu jornalista Rubens Toledo, que me permitiu levar este projeto até você, caro leitor.

Todos temos histórias para contar; o difícil é saber como contá-las.

Dedico este livro a todos os jovens, adolescentes ou pré-adolescentes...

A todas as mães e todos os pais, tutores, responsáveis, educadores, terapeutas...

A todos os portadores de dislexia, TDAH, ansiedade, conflitos de identidade...

A todos que passaram ou ainda passam por depressão, tristeza e dor, conflitos no lar e dificuldades de relacionamento social ou afetivo.

Dedico enfim, especialmente, a todos os membros de minha família, porque, apesar das divergências e atritos, nós permanecemos unidos, nos laços da verdadeira fraternidade e do amor de Deus.

Sumário

Explicação necessária

Começar um livro é muito complicado. Primeiro porque detesto escrever. Mas desde 1985, quando comecei a escrever meus diários, já tinha a intenção de um dia editar um livro. E como há alguns anos venho estudando o espiritismo, abri minha alma à inspiração dos amigos protetores a fim de que me instruíssem nesta empreitada. E eles deram um sinal.

Posso dizer que tudo começou em 2018, quando em uma noite, dormindo, me vi falando com meu marido, como se eu não estivesse no meu corpo e alguém estivesse falando por mim, achei que ia esquecer desse episódio quando eu acordasse, mas, para minha surpresa lembrei de todos os detalhes, foi aí que percebi que precisava dar continuidade ao projeto que mantinha em mente desde criança. E o projeto era justamente este: juntar as páginas do meu diário e enfeixá-las na forma de um livro. Eram quase 400 páginas, fruto de minhas anotações ao longo de dez anos!

E vejo que estamos perto de concretizar o projeto, com a ajuda e inspiração dos bons espíritos. E também de um aplicativo no meu *smartphone* (risos) que me permite falar, ao microfone, e ao mesmo tempo converte os sons em texto.

E não imaginam o quanto isso me ajudou! Porque tenho um certo grau de dislexia, isto é, uma dificuldade em decodificar os fonemas. Não sei exatamente até que ponto isso afetou a qualidade dos meus textos, mas o fato é que a dislexia torna o ato de escrever um tanto penoso para mim.

Mas o interessante é que eu só descobri essa dislexia quando estava já perto de completar 40 anos! Até então eu me achava burrinha mesmo. Ainda hoje troco letras numa palavra com *f*, *v*, *g*, por exemplo. É terrível! Montar uma frase, então, é algo muito complicado para mim. Percebi também que a dislexia afeta um grande número de pessoas e que, nem por isso, elas deixaram de viver uma vida normal.

Graças a Deus e a uma psicóloga muito querida, aceitei minha condição e não me deixei abater. Considero ainda que meu caso não é dos mais graves. Ademais, eu compreendi que nada do que somos é um acaso da genética. Tudo tem uma causa, e essa causa nem sempre pode ser explicada sem admitir que somos viajores do tempo e que cada qual traz um patrimônio genético e espiritual que remonta a outras existências.

Isso explica, por exemplo, as aptidões inatas. Uns nascem com dom para as artes. Outros têm habilidades para serviços manuais. Alguns apresentam vocação para as ciências biológicas. Enfim, outros seguem carreira distinta, como engenheiro, marceneiro, agricultor... etc.

Em outros tempos, a dislexia poderia marcar uma pessoa, estigmatizá-la, assim como aquelas com TDAH, que é o déficit de atenção. As pessoas portadoras dessas diferenças eram tachadas de problemáticas, burras, inferiores. As crianças hiperativas eram rotuladas como sapecas e outras denominações.

Hoje, isso já não é mais aceitável, e a discriminação diminuiu. A ciência, porém, ainda está aprendendo a lidar com tudo isso. Ao mesmo tempo, a sociedade já descobriu que é preciso conviver com as diferenças. E isso é um avanço.

Vamos então à narrativa, mas esclareço que não será uma transcrição fiel do meu diário. Decidimos, por bem, suprimir aquilo que não fosse de instrução geral. Ao mesmo tempo, era preciso preservar a identidade das pessoas citadas, por razões óbvias.

Assim, apelamos em alguns casos para o uso de pseudônimos e evitamos declinar endereços de pessoas ou instituições. Dados esses esclarecimentos, desejamos que você, meu jovem ou minha jovem, tenha uma agradável leitura.

A autora

CAPÍTULO 1

Papai está com câncer

12 de maio de 1986

Estou com 12 anos e resolvi escrever este diário. Assim posso colocar no papel minhas aventuras e lembrá-las quando não mais me vierem na memória. Nesta data eu e minha irmã fomos a um acampamento escolar em Atibaia. Passamos o final de semana lá. Adorei a ideia. Foi a primeira vez que dormi fora de casa.

Este passeio permitiu que eu conhecesse melhor os meus amigos. No primeiro dia fomos dar uma volta na estrada até a cidade, com todos, e com apenas uma lanterna cada um. Foi a maior bagunça!

No segundo dia teve "Caça ao Tesouro". A brincadeira era achar as cartas que estavam com os professores do Colégio. E adivinha! Eu achei a última. Cada noite era uma coisa diferente. A sexta-feira foi a Noite do Terror, em que os monitores pegavam aluno por aluno e éramos levados a um quarto escuro. Eles contavam uma historinha sinistra de uma pessoa caolha; ainda, de olhos vendados, éramos conduzidos até as pessoas e então levavam nossa mão ao rosto delas. Mas então introduziam um dedo da nossa mão no furo feito em um tomate. A sensação era de que estávamos tocando a face do caolho. Rá-rá-rá! E quem tocava o caolho saía gritando. Durante o dia tinha jogos (futebol) e brincadeiras (queimada). Quem perdia levava caldeirada de água fria na piscina. Todos caíam, mesmo os vencedores da brincadeira. Uma diversão só.

Estamos no ano de 1986, quando comecei a grafar as primeiras coisinhas no papel. Meu velho e surrado diário ainda está intacto. Leio então, com olhos encharcados de emoção, o que escrevi naquele 12 de maio de 1986. Até aí nada de especial, não é? Típico passeio de crianças de uma boa escola. Tanto que estavam conosco os professores de sociologia (acho que nem existe mais essa matéria!), educação física e matemática, além dos monitores.

Os quartos eram divididos em duas alas: uma para os meninos e outra para as meninas. E à nossa ala demos o nome Cats. Na noite de sábado teve a Noite das Avessas: os meninos se vestiam de meninas, e as meninas vestiam-se de meninos. E não é que ganhei o concurso de quem era a menina mais parecida com menino? Não sei se isso foi muito bom. Mas está valendo!

Como veem, era uma menina normal, pelo menos eu me vejo assim. Mas ninguém vem ao mundo para passar férias. E já na adolescência comecei a enfrentar os primeiros desafios. Um deles foi aceitar a doença do meu pai, com um diagnóstico bem difícil. Retornei da viagem e já no dia seguinte papai era internado. Fora detectado um câncer no estômago. E sua cirurgia acabou sendo no dia do meu aniversário: 29 de maio. A minha mãe advertiu-nos de que ele estava bem, mas que não podia "passar nervoso".

Sabe como é adolescente! Acha que ninguém o entende e que é o último pedaço do bolo. Incompreendido e mal-amado! Às vezes, era tratada como adulta; outras vezes, como criança. E eu mesma não me entendia. Hoje, que já passei a barreira dos 40 anos, acho que trato meus filhos do mesmo jeito!

Mas as lembranças de papai estão muito vivas em mim. Ainda guardo a caixinha de música que ele me deu, que toca o Tema de Lara, do filme *Doutor Jivago*. Essa música me faz lembrar dele. E por coincidência - aliás, não existe coincidência, e sim providência! -, foi um dos últimos filmes a que assisti com meu pai. Por isso, toda vez que escuto a canção, lembro com carinho dos momentos que passamos juntos. Seu último presente de aniversário foi uma guitarra vermelha e preta, que ele deixara encomendada e chegou com quase um mês de atraso. Eu havia escolhido o modelo durante uma feira de expositores, quando estava em sua companhia. Aliás, devo contar aqui a peripécia que fiz para poder estar nesse evento, porque a entrada era proibida a menores de 16 anos.

Apesar da minha cara de pirralha e da baixa estatura (ainda sou pequena), eu estava segura de mim. Usei um sapato alto, pintei-me como adulta, apliquei gel, prendi um brinco enorme e vesti uma roupa muito linda. E o mais engraçado é que pararam minha irmã, de 13 anos, mas não me pararam. Senti-me poderosa!

Mas nem sempre as coisas se davam dessa maneira. No dia em que todos acompanhavam a final da Copa do Mundo de 1986, entre Argentina e Alemanha, eu fui ao cinema para assistir *A Hora do Espanto*.

O filme era para maiores de 16 anos. Então passei um brilho nos lábios, coloquei aquele mesmo brinco enorme, enfeitei-me. Mas o porteiro me barrou! Desta vez minha irmã passou. Eu não.

CAPÍTULO 2

Lar laboratório

Julho de 1986

Obrigada, meu Deus, por aquela lágrima que derramei e dentro da qual descobri tua face. Obrigada, pelo cansaço que se apoderou do meu corpo e me fez cair a teus pés.

Obrigada, pelas trevas que se abateram sobre a minha alma e me fizeram gritar pelo teu sol. Obrigada, pelo temporal que se desabou dentro do meu coração e me jogou nos teus braços.

Obrigada, porque te escuto na mensagem de uma pétala, na harmonia de um gorjeio, no segredo de um sorriso. Obrigada, porque te adoro na tristeza de um soluço, na angústia de uma saudade, na tortura de um adeus.

Obrigada, porque sinto a tua ausência na loucura dos que se adoram, se adoram na frustração dos que desesperam, nos tormentos dos que te odeiam. Obrigada, porque encontro a ti, Senhor, em cada esquina da existência, dentro da verdade que me ilumina, dentro da beleza que me encanta, dentro do amor que me faz viver.

Ensina-nos a doutrina espírita que o lar é um templo sagrado, o instituto que Deus nos concede para reencontrar afetos e desafetos. Muitas vezes, somos nós mesmos quem elegemos aqueles que serão nossos pais. Provavelmente será também a família o lugar onde reencarnam aqueles que, outrora, estiveram ligados ao nosso coração. Ou, ainda, aqueles a quem não devotamos muita simpatia. Mas é assim. Obedecendo às leis divinas, reencarnamos na família que merecemos.

E aqui também devemos considerar os agregados – primos, primas, cunhados, cunhadas, genros, noras, tios, tias etc. Todos fazem parte do círculo de espíritos que têm algo em comum entre si. Não é de surpreender que, às vezes, temos um primo que nos é imensamente caro ao coração e por quem devotamos a mesma afeição. Pode-se dizer que somos espíritos simpáticos e que já estivemos juntos em outra vida.

Primos? Pois me recordo bem de um, Éric. Toda vez que me encontrava, era terno, carinhoso. Abraçava-me. Chegou mesmo a dizer que pretendia namorar e casar comigo! Mas a sua ternura denunciava uma ligação espiritual entre nós. Naturalmente, não nos casamos. Mas esse primo sempre nos mereceu muita afeição. É um ser maravilhoso.

Então, caro leitor, a família reúne almas simpáticas e também as menos simpáticas! Em torno dela estão aqueles com os quais temos algo a aprender, muito a perdoar e amar. E eu posso dizer que aprendi muito com meus irmãos e meus pais, meus primos, tios e minha vozinha, que conviveu largos anos conosco.

Lembro de minha tia e dos seus conselhos não muito sábios. Dizia que quem agrada os outros só leva pontapés. Hoje, que estou mais amadurecida, prefiro dizer que devemos amar o nosso semelhante, ainda que ele responda com grosserias. Ame e faça o bem.

Sem esperar nada de ninguém. Todos somos falhos e, infelizmente, não temos o retorno que queremos, mas o importante é fazer a coisa certa.

Referindo-me à minha irmã, dois anos mais velha que eu, vejo que o diário registra muitas brigas entre nós. Com meu irmão, as relações foram mais amenas, talvez porque ele merecesse cuidados especiais desde pequeno. Ele sofria convulsões. Eu acompanhei mamãe naquele 6 de julho na consulta médica do meu irmão.

> *O doutor informou que reduziria os remédios já a partir da consulta seguinte, porque as convulsões iriam desaparecer por completo. Foi uma notícia maravilhosa que se confirmou, porque meu irmão ficou curado.*

Hoje me pergunto por que meu pai não se salvou também... E a resposta vem naturalmente. Todos temos provas específicas pelas quais devemos passar. Meu pai tinha mesmo que desencarnar por conta daquele câncer. Sim... Papai foi piorando dia a dia. No dia 4 de agosto estava com muitas cólicas. A minha impotência diante daquela situação era uma coroa de espinhos encravada em mim. A cirurgia não havia sido um sucesso. Os médicos constataram que o tumor estava já muito espalhado, o que chamaríamos hoje de metástase. E por isso não o haviam extraído. Mamãe, diante daquele quadro de angústia, apenas disse: "Não há mal que sempre dure, nem bem que não se acabe..."

Isto é uma grande verdade. Eu desejava ardentemente que meu pai fosse curado, mas não foi isso o que aconteceu. Hoje, porém, tenho uma outra percepção da vida e posso até dizer que o câncer foi o dreno pelo qual meu pai resgatou os delitos cometidos nesta ou em vida anterior.

Todos morremos, por uma ou outra causa. No caso dele, a morte seria por meio de um câncer, acompanhada de todo um calvário. Desde a madrugada de domingo, 24 de agosto, ficou vomitando até o anoitecer. E por isso foi internado. Nada parava no seu estômago. A enfermeira já nem conseguia mais encontrar veia para aplicar o soro. Eu rezava muito. Oh Senhor! Só pelo Senhor! Naqueles dias difíceis, recebi um poema e registrei no diário.

Saudade – sofrer profundo de uma invisível ferida.
Perene angústia do mundo.
Eterna mágoa da vida.

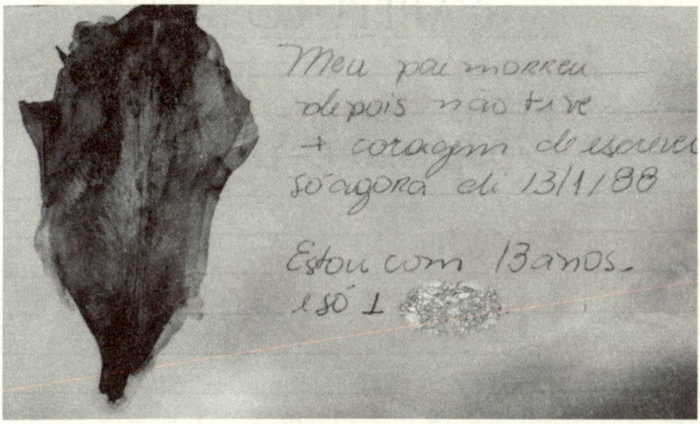

CAPÍTULO 3

Dogma e razão

13 de janeiro de 1987

Eu pensei que ele tivesse vindo por minha causa. Mas não! Ele estava interessado na minha irmã. Pediu-a em namoro. E ela não aceitou. Achou que era muito novo para ser seu namorado! E querem saber mais? Essa era a segunda vez que eu era ignorada. Acontecera o mesmo com Eduardo, de 23 anos. Tive ciúmes, porque minha irmã foi cortejada. Mas sei que vai chegar a minha vez. Neste dia 13 eu inaugurava um novo caderno para grafar minhas histórias. Era um presente de minha mãe. Não gostei nada da capa. Fiquei mesmo irritada...

Divirto-me lendo o próprio diário, sobretudo aquela fase dos 13 anos. Eu estava me descobrindo como mulher. Minhas formas estavam mudando e os hormônios já mexiam com minha sensibilidade. Eu queria sim ser boa, mas me policiava muito. E sempre orava por papai. Aceitava melhor a sua partida, porque, intuitivamente, eu antevia naquele desfecho o cumprimento das leis divinas. Queremos tomar as rédeas de nossa existência. Queremos comandar, e aí dá tudo errado! "Tudo seria muito mais leve se deixássemos nos guiar pelas mãos divinas."

Quando Kardec interroga os benfeitores - Onde estão escritas as leis de Deus? –, a resposta é direta: Na consciência.[1] Eu trazia comigo, em estado latente, o conhecimento adquirido em vida pregressa. Tinha uma fé inata na reencarnação. Mas ainda trazia fortes atavismos, isto é, os hábitos e dogmas arraigados em mim. O dogma das penas eternas, a existência do paraíso, para os escolhidos, e do inferno, para os condenados. Esses dogmas ainda estavam bem vivos dentro de mim.

> *Pretendo quando morrer – isto é, partir da Terra, pois morrer não é a palavra certa; ninguém morre, só se deixa o corpo e então se vai à luta em outro lugar... –, pretendo ir para o paraíso. Estou me esforçando ao máximo, mas não sei se vou conseguir. Ninguém é suficientemente bom para merecer tal sorte.*

É de admirar que eu, sendo uma menina de 13 anos, tenha escrito estas linhas:

> *Na Terra não obedecemos ao nosso espírito, mas sim ao nosso corpo. É a grande tentação do materialismo. Essa tentação é a prova para verificarmos se realmente aprendemos. Lembrando que, ao se arrepender, você já estará dando um grande passo.*

E mais adiante:

---

1 *O Livro dos Espíritos* - Questão 621.

Deus, para mim, é o meu tudo, é o meu libertador, é o meu amor, o amigo que responde aos meus apelos e aos meus sofrimentos. Claro que Ele não conversa, mas, se você tem alguma dúvida, abra a Bíblia e veja que vai cair certinho na página do que você precisa saber.

Nos últimos anos passei a estudar o espiritismo e tenho aprendido muito. E tomei gosto pela leitura. "Quando oramos, falamos com Deus; quando lemos, Deus fala conosco". E hoje vejo muito isso nesta minha existência. Só que, para isso, precisamos estar em conexão com o Divino, com Deus. Precisamos ter fé.

Da adolescência ficou um gostinho de saudade. Especialmente daquelas brincadeiras com nossos primos. Esta foi uma passagem breve na minha adolescência, mas muito gostosa. Aquele convívio com meus primos não tem preço!

Daquele grupo, porém, nem todos estão conosco. Na fase adulta, Maria entrou numa depressão profunda e, com 30 e poucos anos, cometeu suicídio. Fiquei chocada. E ainda hoje penso nela e oro para que recupere a paz. Fico me perguntando se não havia algo que eu pudesse ter feito que ajudasse a evitar esse desfecho tão trágico.

Quando participo de alguma palestra de prevenção ao suicídio, eu logo penso na minha prima Maria. Diante das luzes que o espiritismo me trouxe, fiquei mais consolada em saber que essa alma não foi lançada no fogo eterno, sem merecer o perdão de Deus. Não! A doutrina espírita vem demonstrar que, para Deus, não há ovelhas perdidas. E ninguém está irremediavelmente condenado ao inferno. O suicida, apesar do erro, poderá reabilitar-se, reencarnando para nova experiência. Voltará com as marcas das lesões que impôs ao próprio corpo na vida anterior. Sofrerá, sim, mas dependerá dele mesmo a redenção da própria consciência.

Recentemente ouvi um orador espírita, Haroldo Dutra Dias, falar sobre o suicídio. Ele passou algumas instruções de como prevenir o mal e como detectar pessoas com ideia suicida. Eu extraí um trecho da sua palestra:

> Você não vai morrer, pois o que tem que passar não é a vida que você está levando e sim o problema que você está vivendo, e o problema vai passar. O corpo pode ser destruído mas sua alma, seu espírito continua.
>
> Você não está sozinho, estamos em uma jornada, o problema que você está vivendo pode ter inúmeras pessoas passando, por isso precisamos olhar para o lado, estamos juntos, é uma peregrinação coletiva, estamos todos no mesmo barco.
>
> Ouça, procure ajuda, procure ouvir alguém que já passou pelo mesmo problema que você teve, ou mesmo converse com pessoas que têm problemas piores, assim você verá o poder que as pessoas que passaram têm, e continuaram, e o poder da solidariedade se manifestará e você conseguirá vencer.
>
> Continue vivendo, somos todos irmãos no mesmo barco.

Tem coisas que a gente aceita e segue adiante; outras podem ser curadas.

Deus na Sua bondade infinita sempre colocou anjos na minha vida, e através deles acabei trabalhando como voluntária no Amparo Maternal e foi com essas jovens, muitas vezes violentadas, abandonadas, dilaceradas espiritualmente, que pude me levantar e dar valor a minha vida, mesmo que parecesse difícil.

Fiquem atentos aos sinais. Claro! Tem pessoas que partem sem identificarmos seus pensamentos suicidas, mas outras dão sinais. Quando a dor da alma vier, cuide! Não deixe chegar ao extremo, prestar serviço ao próximo na maioria das vezes nos levanta do lodo.

Mas Deus é eterno, imaterial, infinitamente bom e justo. E foi a partir do Criador que Allan Kardec iniciou a série de perguntas em *O Livro dos Espíritos*. Porém, em vez de "Quem é Deus?", que limitaria a resposta, o ilustre pensador francês usou outro pronome: "Que é Deus?", e a definição dada pelos espíritos não poderia ter sido mais reveladora. "Deus é a inteligência suprema, causa primária de todas as coisas". E nas questões seguintes, os espíritos ainda disseram:

> **Q.2** - Que se deve entender por infinito?
>
> O que não tem começo nem fim; o desconhecido; tudo que é desconhecido é infinito.
>
> **Q.3** - Poder-se-ia dizer que Deus é o infinito?
>
> Definição incompleta. Pobreza da linguagem dos homens, insuficiente para definir o que está acima de sua inteligência. Deus é infinito em Suas perfeições, mas o infinito é uma abstração. Dizer que Deus é o infinito é tomar o atributo de uma coisa pela coisa mesma; é definir uma coisa que não é conhecida por uma outra que não o é mais do que a primeira.

CAPÍTULO 4

Mamãe assume a fábrica

15 de março de 1988

Às vezes passava pela minha cabeça começar a trabalhar na fábrica de meu pai, que então era tocada por minha mãe e meus primos. A situação lá não estava muito fácil. Lembro mamãe preocupada com o dia do pagamento dos funcionários. Mas a mão de Deus atuou. Na última hora, um cliente fez uma boa compra dos nossos produtos e isso salvou o caixa da empresa.

Eu era uma garota notável. E contraditória. Ora cheia de altruísmo, ora desejando que o mundo se acabasse. Recordo o aniversário da vovó, naquele março de 1988. No dia anterior, tinha sido rezada uma missa em memória de meu pai. Foi um mês difícil, com muitas tarefas escolares para fazer. E a ordem era estudar! Então, era eu uma menina típica de classe média, mas ao menos estudava. Hoje, ouve-se falar muito da geração nem-nem. Nem trabalha, nem estuda. Isso é o fim!

Quem poderia assumir a direção da fábrica da qual meu pai era o proprietário e administrador? Papai havia deixado a empresa em situação difícil. E como veem, estávamos sem caixa para pagar os funcionários. Mas o recurso apareceu de última hora, como um ato da Providência Divina.

Todo trabalhador é digno do suor do seu rosto, não é verdade? A fé, a conexão com Deus, tudo nos ajuda a enfrentar os problemas com mais tranquilidade, e sempre aparecem pessoas para nos ajudar. Deus é Pai. E nunca nos abandona.

Decidiu-se então que minha mãe seria gestora dos negócios da fábrica. E olha que não tinha qualquer experiência no ramo. Mas meus primos estariam com ela, auxiliando em tudo, além de contar com um funcionário de confiança de papai, que permaneceu no grupo.

15 de março de 1988

À noite fui para a Eucaristia e lá mesmo desabei. Chorei muito. Não aguentava! No domingo, fui à missa de novo e, quando voltei para casa, eu e minha mãe acabamos brigando. Foi horrível. Fiquei péssima novamente. Ninguém colabora!

Nós participávamos muito das atividades religiosas. O sacerdote costumava frequentar nossa casa. Éramos conhecidas como as "suas sobrinhas".

21 de janeiro de 1988

Eu estou eufórica. Sairei em viagem para o Baile do Havaí. Certamente encontrarei Renato. Mas é preciso que minha irmã deixe o caminho livre para mim. Eu gravei minha voz em uma fita cassete e expliquei o que estava sentindo e o que eu estava pensando. Agora é só fazer minha irmã ouvir. Não sei se ela ouviu, mas ela melhorou suas atitudes comigo.

Minha irmã era minha rival no campo dos relacionamentos. Mas isso foi por pouco tempo. Fui aprendendo a lidar com as emoções e aprendi a amar minha irmã. Hoje, ajudei-a enfrentar uma prova difícil – um câncer de mama. Ela lutou, com confiança, foi guerreira. Sofreu com as frequentes idas ao laboratório de exames, suportou muitas agulhadas e, por causa da radioterapia, sua pele ficou em carne viva. Mas tenho certeza de sua vitória e mudança espiritual.

Eu ganhava mesada e guardava para usar na compra de presentes para minha família. Então nos aniversários eu tinha um dinheirinho para comprar uma lembrancinha para minha mãe, para minha irmã, para minha avó e para meu irmãozinho. É para isso que eu tinha mesada. Hoje percebo que tem algumas crianças e jovens que exigem mesadas. É uma geração diferente!

Vocês devem estar achando que eu era maluca, né? A ostentação causa-me mal-estar. Não gostava de ostentar poder, vestir luxo... Sentia-me constrangida diante de meus irmãos de jornada terrena menos aquinhoados. É a pior coisa do mundo! Eu queria mesmo trabalhar, mas minha mãe não deixava que eu fosse procurar um emprego. Dizia que, se tivesse que trabalhar, seria na fábrica que era dirigida por nosso pai.

Com a morte de papai, minha mãe assumiu os negócios da família. Embora fosse simples dona de casa, não hesitou diante da tarefa, tomando a frente da indústria, com muita coragem. Não foi fácil trocar a vida do lar pelo papel de capitã de indústria, cuidando diretamente da gestão administrativa. A questão da posse me tem feito refletir muito ainda hoje. Apesar da riqueza patrimonial, que lhe proporcionou uma vida boa e os cuidados no melhor hospital da cidade, nenhum dinheiro pôde evitar a sua morte. Nada pôde salvá-lo.

As pessoas dão muita importância à posse, o *status*, o poder. Por isso, se esfalfam na conquista de um lugar de destaque na escala social e, nessa corrida, esquecem a simplicidade, a solidariedade... E só mais tarde vão perceber que, apesar da bolsa farta, não são felizes. E no meio de tanto conforto, fica sempre um vazio no peito que dinheiro algum pode preencher. Ainda adolescente, eu já me perguntava sobre essas coisas.

Minha mãe obrigava que fôssemos às celebrações e não ousávamos desobedecer. Às vezes, mamãe nos pregava sermões, do tipo: "Não quero que andem com tal e tal pessoa, porque elas não são boa influência para vocês" por não terem a mesma linha de pensamento que ela, ou por não serem da mesma religião. Eu ficava chateada.

Hoje compreendo melhor minha mãe. Com a ausência de papai, ela se sentiu ainda mais responsável por nós. Na adolescência não medimos muito as consequências de nossos atos. Queremos satisfazer todas as nossas fantasias. Eu imagino sua preocupação com uma eventual gravidez inesperada, um aborto às escondidas ou o arrastamento para o mundo das drogas.

Mas, até aquele fevereiro de 1988, nos meus 13 ou quase 14 anos, ainda não havia atravessado nenhuma dessas fronteiras perigosas. Era apenas uma garota apaixonada, à espera do primeiro príncipe. Esse príncipe era Renato. Ele já tinha um emprego, porque era maior de 18, e estudava à noite. Eu esperava uma ligação dele. E quando isso aconteceu, o mundo caiu para mim! Fiquei radiante de felicidade.

> ***Abril de 1988***
>
> *Eu era fissurada por um ator da série Guerra nas Estrelas. Então, resolvi escrever uma carta para ele, em inglês. Não sei como foi, se pelo jornal, mas consegui o endereço dele. Escrevi, então, dizendo que era sua fã e que o considerava lindo e tudo o mais.*

É engraçado quando comparamos as formas de comunicação interpessoal naqueles anos 80 com as formas adotadas nos dias atuais. Olhe que estou falando de apenas quatro décadas atrás! Hoje temos correio eletrônico, o *e-mail*, as ferramentas do – *WhatsApp*, *Instagram*,

Telegram, Twitter – e as redes sociais, que nos põem em conexão com o mundo inteiro, em tempo real.

Mas naquele distante 1988, a gente ainda estava na base do telefone fixo (que era coisa de classe média). Usávamos máquinas de datilografia e papel em larga escala. Para a comunicação a distância, só mesmo por carta. Uma ligação internacional era caríssima! No caso da carta que enviei ao ator de Hollywood, tive de comprar selo internacional e tudo mais e ainda torcer para que a carta fosse lida, senão pelo ator ao menos pelo representante do seu fã-clube. Eu nunca tive resposta dessa carta... Claro!

Hoje vejo, com certa preocupação, os reflexos desta revolução digital, que trouxe os *smartphones* e as diversas plataformas de comunicação e as redes sociais. Algumas dessas plataformas viraram ferramentas de culto ao narcisismo. Vejo meninas de 13 anos "se produzindo" e postando fotos, atualizando o perfil a cada semana. Expõem-se perigosamente.

Na década de 80 não havia tanto risco em andar na rua ou mesmo ser abordada por rapazes, pelo menos nas cidades do interior. Eu tive alguns amigos que eram verdadeiros irmãos, um cuidando do outro. Não ficávamos beijando um e outro nas baladas; era apenas troca de olhares (paqueras), conquistas duras para chegar no primeiro beijo.

Olha o que disse Emmanuel, sobre relacionamento, por nosso querido Chico:

> Toda vez que determinada pessoa convide outra à comunhão sexual ou aceita de alguém um apelo neste sentido, em bases de afinidade e confiança, estabelece-se entre ambas um circuito de forças, pelo qual a dupla se alimenta psiquicamente de energias espirituais, em regime de reciprocidade. Quando um dos parceiros foge ao compromisso assumido, sem razão justa, lesa o outro na sustentação do equilíbrio emotivo, seja qual for o campo de

circunstâncias em que esse compromisso venha a ser efetuado. É dada a ruptura no sistema de permuta das cargas magnéticas de manutenção, de alma para alma, o parceiro prejudicado, se não dispõe de conhecimentos superiores na autodefesa, entra em pânico, sem que se lhe possa prever o descontrole que, muitas vezes, raia na delinquência.[2]

2 *Vida e sexo,* Emmanuel – Psicografia de Francisco Cândido Xavier. *Capítulo VI* – Compromisso afetivo.

CAPÍTULO 5

Síndrome de Peter Pan

24 de maio de 1988

Naquele domingo, ainda dentro da semana do meu aniversário, apresentei um número ao violão, durante a celebração. Toquei e cantei. Depois, voltei ao púlpito para cantar Parabéns a você. Quase morri de vergonha. Mas até que foi bom!

Minha formação religiosa foi posta à prova ainda na adolescência. Eu era sincera na fé que praticava, cantava e tocava violão nas celebrações e participava das evangelizações.

Hoje, embora não estando mais dentro do caminho que frequentava, entendo a importância da religião para o meu crescimento como pessoa. Tenho ouvido que toda religião é boa, contanto que nos faça melhores. No espiritismo, prega-se a reforma íntima, isto é, o esforço que devemos fazer para dominar e combater nossas más inclinações, sem martírio, e isso é maravilhoso.

29 de maio de 1988

Perto do final de semana eu e minha mãe tivemos um desentendimento. Eu não queria ir para a praia, por ser meu aniversário. E ela queria me dar um sapato cujo modelo eu não gostava, por fim ela entendeu e me deu um lindo buquê de rosas brancas. Eu amei!

Curiosamente, ao aproximar o dia em que completaria 14 anos, lembro que fui tomada por um sentimento estranho. Eu não queria comemorar a data do aniversário. Sinceramente, eu não queria crescer! Isso não faz lembrar a história de Peter Pan? Dentro da psicologia, essa "síndrome" é explicada como um tipo de fuga. Fuga diante das responsabilidades que uma vida adulta implica. Medo de sair da zona de conforto, que é morar com os pais, e de enfrentar os desafios da nova fase.

Mas não teve jeito. Tive de soprar as velinhas. Ganhei um dinheirinho de todos da casa e então comprei uma jaqueta, uma calça jeans, uma saia... E uma fita do filme *Dirty dancing*. Ainda não havíamos entrado na onda dos DVDs. Ah! Que doce menina eu era! Lembro daquele mês de junho de 1988 com muita nitidez. Está aí meu diário, que não me deixa mentir!

Haveria festa junina na escola, mas o programa da família foi na casa de praia. E vejam só no que deu: eu e minha irmã comemos algo que não nos fez bem e começamos a passar mal. Depois de minha irmã botar os bofes para fora, foi a minha vez. Eu acabei desmaiando no banheiro. Ainda bem que conseguiram me acordar. No dia seguinte nada de escola. Minha irmã não melhorava e piorava cada vez mais. Eu estava desesperada.

À noite chorei pra caramba. Pedi, implorei a Deus que me concedesse a graça da melhora da minha irmã. Fui à missa e uma das leituras referia-se ao momento em que Jesus dormia no barco, na travessia do Mar da Galileia, e vem uma tempestade. Os discípulos, com medo, foram acordar Jesus. E o Mestre então admoestou os discípulos: "Homens de pouca fé".

Nessa hora eu me vi como aqueles discípulos sem fé. Depois de tudo que havia passado e Deus ter-me dado tantas provas da Sua bondade, como eu ainda podia ter dúvidas e cair em desespero? Isso até parece meio careta, pois os jovens hoje não querem nem ouvir falar em Jesus. Mas eu fico pensando e imaginando o que seria de mim sem a fé que eu tenho em Deus e a certeza de que sou amada por Ele.

E as provas não foram poucas. Deus tem dado proteção diante de muitos males. Um dos testemunhos mais difíceis foi na fábrica. Minha mãe estava lá cuidando dos negócios quando quatro assaltantes, usando armas pesadas, dominaram os funcionários e mandaram que todos se deitassem no chão. Eles levaram o dinheiro, mas felizmente eles não foram além disso. Minha mãe ficou abalada, pois, aquele dinheiro havia sido retirado do banco para pagar os empregados. A empresa estava em dificuldades financeiras.

Mas, oh... Deus! No dia seguinte, um cliente aparece na fábrica para saldar a sua dívida. O valor era o dobro do montante que havia sido levado. Deus é amoroso e não deixa a gente sem amparo momento algum. E como havia de ser, minha irmã melhorou e nem precisou ser internada!

CAPÍTULO 6

Por que Deus permite isso?

17 de julho de 1988

É muito linda a eucaristia. Realmente a gente vê a multiplicação dos pães. Aqueles quatro pães sem fermento são suficientes para saciar a fome de todos. É muito bonito!

Estou folheando o diário e sinto que não é relevante publicar coisas tão íntimas. Seria trair a mim mesma. A não ser que tenha um fim útil. E assim tem sido meu critério. Estou usando a tesoura com parcimônia, passando para o livro apenas o que me pareça de instrução geral. Por isso, deixo de lado as festinhas e paqueras, namoricos da adolescência.

Era julho de 1988. Eu entrava de férias escolares, mas não do curso de catequese. Estávamos estudando a parte dos Profetas, no Velho Testamento, e também passagens do Novo Testamento. Na vida familiar, um novo desafio: a cirurgia de minha avó, que operou cataratas nos dois olhos.

A cirurgia da vovó estava marcada para as 7h30, mas só ocorreu às 9 horas. Ela saiu da Unidade de Terapia Intensiva às 2h da tarde. Estávamos ansiosos por vê-la e dar-lhe tranquilidade. Felizmente, no final do dia ela já estava bem. Eu e minha irmã voltamos sozinhas de Metrô às 19h30, pela primeira vez!

Noto que a vida é mesmo uma escola. Você recebe a teoria e depois é submetido a um teste para avaliar o quanto você aprendeu. A Terra é, assim, um grande educandário. Viemos ao mundo para pôr em prática as lições que aprendemos em vida anterior ou mesmo no estado errante (erraticidade), isto é, o período entre duas encarnações. Aqui somos testados através das provas que devemos suportar. Como medir o seu conhecimento sem fazer uma avaliação do quanto você sabe?

Fiquei um tempo sem escrever porque precisava meditar. Bateu em mim uma onda depressiva. E não sabia como colocar isto no papel.

Lendo as páginas do meu diário vejo que não estava tão bem comigo mesma. À época pouco se falava em depressão. E eu não tinha noção do que estava acontecendo comigo. Apenas estava me afundando na não aceitação de mim mesma. E o que eu passava não era lá tão grave assim. Se olharmos para o lado, sempre terá filhos sem pai e mãe, briga entre irmãos em piores situações que a minha, famílias dilaceradas, violência familiar. Mas eu estava mal. E precisava de ajuda da família e talvez de um profissional de saúde mental.

O seio familiar é o laboratório de experiências mais apropriado que Deus nos poderia oferecer, como já analisamos no capítulo 2. Somos colocados nesse ambiente, cercado das pessoas a quem mais amamos ou a quem mais devemos. É no instituto da família que vamos limar as arestas das pendências que ficaram pelo caminho. Se soubéssemos quanto a família é importante para cada um de nós, daríamos mais valor até a esses momentos.

Agora estou fazendo uma reflexão muito dura com base na família que eu constituí. Meu filho mais velho é ateu, aquele que não revela respeito ou reverência para com as crenças religiosas alheias. Que não acredita "em Deus ou em deuses" - achei essa a melhor definição dele. Ele é ateu, ou pelo menos pensa que é, mas isso não quer dizer que não seja uma boa pessoa. É um rapaz muito bom. Deu muito trabalho na adolescência, devido aos conflitos que todos passam nessa fase, mas ele é prestativo, solidário, verdadeiro. Pelo menos com os outros.

Aí vocês me perguntam: como isso aconteceu, se ele te acompanhava nas missas e posteriormente nas atividades doutrinárias? Como poderia eu, religiosa desde pequena, criar um filho que é revoltado? Que não consegue entender as desgraças do mundo, a violência e os abusos sexuais a meninas de alguns países africanos, por exemplo?

Mas aí estão alguns fatos que justificam esse ateísmo. Tivemos tempos atrás o caso de um pastor que abusou e ateou fogo nos seus dois filhos. É difícil para meu filho acreditar na existência de um Deus ou mesmo na religião quando um dos seus líderes comete crime tão hediondo! Que culpa tinham aquelas crianças? Que Deus é esse que permite uma monstruosidade dessas? Sinto a dor do meu filho nesses momentos de incompreensão, e sei que muitos de vocês também pensam da mesma forma. E é doloroso.

Vou contar uma experiência que ocorreu para que comecem a pensar e questionar sobre tudo. Depois de me casar (outra história), comecei a frequentar a linha carismática, onde há muitas manifestações do espírito Santo. Uma linha maravilhosa! As pessoas realmente tentam ser melhores. Você pode verificar, nelas, o fruto da transformação.

Mas quando fiquei grávida do meu terceiro filho (no caso foi uma menina), tudo ficou mais difícil, e parei de frequentar. Sentia no meu coração que precisava fazer algo mais, sair da caixa, ajudar. Onde frequentei, apesar de ser maravilhoso, não prestava serviços para a comunidade da maneira que eu queria. Era sempre um grupo aqui, outro ali, as celebrações sempre abertas. Mas quem rege a celebração? Uma pessoa só. E eu, como poderia ajudar meu próximo? Eu precisava de mais. Sei que muitas Edificações têm as pastorais[3], grupos de auxílio, que são fantásticos, mas não era esse meu caminho. Era hora de trabalhar para o meu próximo de outra maneira.

Porém, ao parar de frequentar, algo aconteceu. Comecei a assistir programas de pesquisas históricas, de ciência e até de relatos extraterrestres em canais de TV a cabo, e isso me despertou para algo. A partir daí, comecei a me questionar. Quem é esse Deus? Há vida além da Terra? E se tudo acabar aqui nesta vida? Se for assim, tudo que me foi passado, tudo que aprendi, não pode resistir a esses descobrimentos!

E com isso me desconectei de Deus. Não acreditava mais n'Ele. Senti-me vazia, no escuro. Senti-me só, até nos meus pensamentos. Não sei se consigo explicar como realmente me senti. O descrer nos derruba. Leva-nos para o fundo do poço, para a lama, para a escuridão das almas. Foi horrível! Achava que ficaria louca, perdida nos meus questionamentos. Por isso sei que muitos se isolam em seus mundos e não permitem a entrada da luz divina. Por isso muitos têm pensamentos suicidas, pensamentos depressivos.

---

3 Na Igreja Católica, temos ações específicas, muitas vezes fora da paróquia, conhecidas por Comissões e Pastorais, ou Pastorais Sociais. Pastoral da Juventude, Pastoral Carcerária, Pastoral da Criança etc. **Nota do revisor.**

CAPÍTULO 7

Estamos aqui para sofrer?

Deus é tão misericordioso que, mesmo na nossa rebeldia, Ele envia anjos. Uma amiga, irmã, em uma de nossas conversas, insistia comigo para que lesse *O Livro dos Espíritos*. E eu, na minha santa ignorância, relutava, pois achava que era algo sobrenatural. Esse lance dos espíritos falando, essa coisa toda só podia ser do demônio!

Mal sabia eu que o espiritismo é uma ciência, que não tem nada de sobrenatural, que todos nós estamos conectados pela infinita bondade de Deus e que existe, sim, mundos habitáveis e que este planeta em que vivemos é um entre milhões de planetas que rolam no Espaço. E é um planeta ainda atrasado, do ponto de vista moral, classificado como Mundo de Provas e Expiações, e que, na escala geral, há ainda aqueles inferiores ao nosso, os Mundos Primitivos, e aqueles que estão em condição superior, como os Mundos de Regeneração, os Mundos Felizes e ainda os Mundos Celestes.[4]

4 No capítulo 55 descreveremos cada uma dessas categorias. **Nota do revisor.**

Comecei a ler a obra e tudo que me era revelado fazia meu coração se acalmar. Agora tenho a certeza de que não errei tanto com meu filho mais velho, pois ele é um ser único e com um patrimônio evolutivo que é dele, onde estão todas as suas experiências de vidas passadas. Cada qual traz em si mesmo o somatório de suas aquisições. O meu passado constitui o meu presente. Para minha redenção e a redenção de meu filho, teremos nós dois que aprender muito. Ele aprende com os pais. Nós aprendemos com ele. E então sou muito grata a Deus.

Aprendi, com o estudo desse livro, que a adolescência é uma fase difícil porque nesse período emergem as inclinações que o espírito traz de vida anterior, caso os pais não tenham conseguido modificar essas tendências ainda na primeira infância. É um duelo entre o passado e o presente. Lutamos contra as más inclinações, os vícios que trazemos de vidas anteriores.

Em contrapartida, com os ensinamentos adquiridos na infância, nossos filhos podem corrigir tendências e o que o for de má índole, voltando-se para o caminho das virtudes. Por isso, nós, pais e tutores em geral, somos como jardineiros zelando pelas plantinhas tenras do jardim, calçando as mais frágeis para que não caiam.

Mesmo assim, a despeito do esforço dos pais, alguns filhos permanecem intransigentes e refratários a qualquer conselho. E os pais sofrem muito, vendo que seus esforços não frutificam. Mas é certo que, no futuro, a semente lançada no solo árido daqueles corações germinará. E no momento justo vai florescer e dar frutos. Quem sou eu para exigir do meu filho uma mudança imediata?

Deus é tão justo e bom! Não percebemos que tudo faz parte de algo maior, que todo sofrimento, dor, angústia têm hora para acabar. Tudo tem um propósito, que concorre para um único fim: fazer com que os homens se corrijam, se regenerem.

Sei que você deve estar pensando: "Escrever é fácil. Já a realidade é bem diferente". Porém, reflita comigo: estamos num mundo pouco evoluído moralmente, onde o amor não predomina. Mas temos Deus, um Pai a quem ainda não compreendemos. Ora, Deus nos ama e, apesar dos nossos defeitos, Ele sente a nossa dor, vê nossas quedas. Mas não nos deixará órfãos. E por mais tortuosos sejam os caminhos que escolhemos, eles nos levarão até Deus.

A humanidade está carente, e precisamos nos voltar para Deus. Como? Servindo, amando, amparando a todos ao nosso redor. Não precisamos ir longe. A caridade pode ser feita na escola, com seu colega; no local de trabalho, e também no lar. Nada, meu querido leitor, pode preencher o vazio existencial, exceto o amor de Deus.

Vazio existencial. Sabem do que se trata? Perguntem ao magnata que já conheceu todos os prazeres da Terra e que, não obstante, continua infeliz. Pergunte a esses *bon vivants*, que se exaurem nos prazeres de uma vida toda sensual, se ainda não trazem os lábios sedentos por algo. Pergunte ao materialista o que ele sente ao ver o crepúsculo da existência aproximar-se. Vazio. Isso é o que sente. Um grande vazio. Quem não crê na vida futura sente um vazio cruel. E esse vazio estava acabando comigo.

Então, saí em busca de Deus. "Não o deus antropomórfico, que os homens fizeram. Mas o Deus que fez os homens", como afirmou um filósofo francês[5]. E aos poucos fui me conectando novamente. E, para minha surpresa, Deus me permitiu sentir para com todos ao meu redor o verdadeiro amor, o amor-ágape[6]. Sentia por todos um amor incondicional, ao olhar para o próximo, não mais o julgava ou repelia. A todos olhava com os olhos de compaixão, compreensão e perdão. Lembro que, depois de um tempo, eu falava: agora eu entendo o amor que Jesus teve pela humanidade. É tão diferente, que fica difícil explicar. É o verdadeiro e mais puro amor!

E encontrei um Deus justo e misericordioso, que criou um sistema de leis universais, magnânimas. Suas leis regem a tudo, regem

---

5 François Marie Arouet, mais conhecido pelo pseudônimo **Voltaire**, foi um dos mais importantes filósofos do iluminismo. Do site: *https://mundoeducacao.uol.com.br/filosofia/voltaire.htm*

6 Ágape significa amor em grego, o amor que se dá, que se entrega e é incondicional.

os roteiros de nossas existências. E quando afrontamos uma dessas leis, incorremos numa infração. E teremos de reparar. Vale salientar que essas leis convergem todas para o bem. E estaremos incursos na Sua justiça.

Agora vocês me perguntam: Então estamos sempre pagando por algo que fizemos? Não necessariamente. Há espíritos que reencarnam, não para resgatar faltas, mas sim para abraçar uma prova que lhes possa render novos degraus na escala da evolução. Digamos que são espíritos missionários.

E talvez voltem a questionar: E mesmo assim padecem esses espíritos nobres? E diremos, por nossa vez: a dor física nem sempre significa expiação. Há também a dor-evolução, eminentemente moral, que projeta o espírito à frente, na direção do Pai. A dor do Cristo, exangue na cruz, é um exemplo.

E para essas explicações deixo aqui 2 questões de *O Livro dos Espíritos* que vêm nos responder sobre "nosso sofrer".

> **258.** No estado errante, antes de nova existência corpórea, o espírito tem consciência e previsão do que lhe vai acontecer durante a vida?
>
> – Ele mesmo escolhe o gênero de provas que deseja sofrer; nisto consiste o seu livre arbítrio.
>
> **258-a**. Não é Deus quem lhe impõe as tribulações da vida, como castigo?
>
> – Nada acontece sem a permissão de Deus, porque foi Ele quem estabeleceu todas as leis que regem o universo. Perguntareis agora por que Ele fez tal lei em vez de tal outra! Dando ao espírito a liberdade de escolha, deixa-lhe toda a responsabilidade dos seus atos e das suas consequências; nada lhe estorva o futuro; o caminho do bem está à sua frente, como o do mal. Mas se sucumbir, ainda lhe resta uma consolação, a de que nem tudo se acabou para ele, pois Deus, na Sua bondade, permite-lhe

> recomeçar o que foi malfeito. É necessário distinguir o que é obra da vontade de Deus e o que é da vontade do homem. Se um perigo vos ameaça, não fostes vós que o criastes, mas Deus; tivestes, porém, a vontade de vos expordes a ele, porque o considerastes um meio de adiantamento; e Deus o permitiu.

Portanto, como dito algumas vezes, reparamos o que fizemos, e Deus na Sua misericórdia permite ou não a reparação como escolhemos, pois, Ele sabe das nossas limitações.

Mas vamos à palavra sofrer:

Se você for a fundo no significado da palavra, temos no verbo transitivo direto a seguinte definição: *Passar por alguma coisa; sentir, experimentar, passar.*

Esse sofrer está associado a este significado: passar por, experimentar. Afinal, um doente, para conseguir melhorar-se da enfermidade, precisa de um remédio amargo ou de um alimento que não possui os melhores sabores.

CAPÍTULO 8

Anjo guardião

4 de julho de 1988

Estive a ponto de me matar. Mas não tive coragem. Pois sei que se fizer isso, Deus estará me esperando muito triste. E eu terei o que mereço. Deus compartilha nosso sofrimento, mas não sofreria, pois nos conhece. Porém, somos sujeitos à lei da causa e efeito. Tudo realmente tem o seu preço.

Agora façamos um salto quântico e voltemos a meados de 1988. Eu começava uma semana difícil. Pobrezinha de mim! Estava péssima, naqueles dias. Fiquei no meu quarto, sozinha, por um bom tempo, chorando, perguntando: Por que estou viva? Por que nada dá certo comigo? Cheguei a me revoltar contra Deus, algo que não ocorria havia tempo.

Pensei em pegar a Bíblia abrir e ler, mas tinha um outro lado dizendo que não ia adiantar. Mesmo assim peguei o livro e o abri. Caiu numa prece que era mais ou menos assim: "Ó, Senhor! Atende minha oração". Eu repeti a frase inúmeras vezes. Parecia até meio louca. Acho que minha irmã acabou ouvindo e insistiu para que eu fosse para a sala de TV para assistir a um filme com ela. Aos poucos fui me acalmando. Depois fui dormir.

Mas o diário não me deixa mentir. Fiz algumas traquinagens que dariam razão à minha mãe por estar tão preocupada. Fomos todos ao Festival de Inverno (Campos do Jordão, SP), mas como estava chato ali, seguimos para o Boliche.

Nesse meio tempo Caio e seu amigo chegaram e ficamos conversando. E vi que Caio estava meio alto. Fiquei brava, porque ele era meu amigo e tinha namorada. Com isso, novamente desistimos da ideia de ir ao Boliche e voltamos ao Festival. Mas o que se passou não quero contar. Porque, se minha mãe descobre...

Mas no fim eu contei o que se passou. Era impossível deixar de contar meus segredos no diário. Havíamos tomado carona com um grupo de amigos. Como éramos uma turma grande, pensei que nada de mal pudesse acontecer. Vejam como são as coisas! Naquele tempo, pegar uma carona com estranhos ainda era aceitável. Mas hoje?

Meu filho, de 23 anos, que foi meu presente de Deus, por mais independente que pareça, até hoje manda uma mensagem de onde está, pelo celular, pois ele mesmo já passou por três assaltos e em dois deles foi agredido. Por mais que você ache que seus pais ou responsável não liguem, o coração, daqueles que te amam, morre junto com você, a cada BO, isto é, a cada Boletim de Ocorrência. É desesperador. E se você, mesmo assim, acha que é sozinho no mundo, tenha a certeza de que seu anjo da guarda e seu Pai Criador pensam e zelam por você. Preocupam-se com você.

Anjo guardião? Sim. Todos temos um anjo da guarda, um espírito que assumiu a tarefa de zelar por nosso crescimento espiritual. Quem já teve padrinho e madrinha pode entender a comparação. O padrinho é aquele que assume, perante a Igreja, a responsabilidade de substituir nosso pai natural se este vier a faltar. O anjo da guarda, ou espírito guardião, tem a missão de cuidar do seu tutelado aqui na Terra.

Olha que lindas as respostas encontradas em *O Livro dos Espíritos* nas questões de 490 a 495.

490. Que se deve entender por anjo da guarda?

– Um espírito protetor de uma ordem elevada.

491. Qual a missão do espírito protetor?

– A de um pai para com os filhos: conduzir o seu protegido pelo bom caminho, ajudá-lo com os seus conselhos, consolá-lo nas suas aflições, sustentar sua coragem nas provas da vida.

492. O espírito protetor é ligado ao indivíduo desde o seu nascimento?

– Desde o nascimento até a morte, e frequentemente o segue depois da morte, na vida espírita, e mesmo através de numerosas existências corpóreas, porque essas existências não são mais do que fases bem curtas da vida do espírito.

493. A missão do espírito protetor é voluntária ou obrigatória?

– O espírito é obrigado a velar por vós porque aceitou essa tarefa, mas pode escolher os seres que lhe são simpáticos. Para uns, isso é um prazer; para outros, uma missão ou um dever.

495. O espírito protetor abandona às vezes o protegido, quando este se mostra rebelde às suas advertências?

– Afasta-se, quando vê que os seus conselhos são inúteis e que é mais forte a vontade do protegido em submeter-se à influência dos espíritos inferiores, mas não o abandona completamente e sempre se faz ouvir. É o homem quem lhe fecha os ouvidos. Ele volta, logo que chamado.

Na sequência, Allan Kardec incluiu duas mensagens, dos espíritos São Luiz e Santo Agostinho[7], que merecem ser reproduzidas:

> Há uma doutrina que deveria converter os mais incrédulos, por seu encanto e por sua doçura: a dos anjos da guarda. Pensar que tendes sempre ao vosso lado seres que vos são superiores, que estão sempre ali para vos aconselhar, vos sustentar, vos ajudar a escalar a montanha escarpada do bem, que são amigos mais firmes e mais devotados que as mais íntimas ligações que se possam contrair na Terra, não é essa uma ideia bastante consoladora? Esses seres ali estão por ordem de Deus, que os colocou ao vosso lado; ali estão por seu amor, e cumprem junto a vós todos uma bela e penosa missão. Sim, onde quer que estiverdes, vosso anjo estará convosco: nos cárceres, nos hospitais, nos antros do vício, na solidão, nada vos separa desse amigo que não podeis ver, mas do qual vossa alma recebe os mais doces impulsos e ouve os mais sábios conselhos.
>
> Ah, por que não conheceis melhor esta verdade? Quantas vezes ela vos ajudaria nos momentos de crise; quantas vezes ela vos salvaria dos maus espíritos! Mas, no dia decisivo, este anjo de bondade terá muitas vezes de vos dizer: "Não te avisei disso? E não o fizeste! Não te mostrei o abismo? E nele te precipitaste! Não fiz soar na tua consciência a voz da verdade, e não seguiste os conselhos da mentira"? Ah, interpelai vossos anjos da guarda, estabelecei entre vós e eles essa terna intimidade que reina entre os melhores amigos! Não penseis em lhes ocultar nada, pois eles são os olhos de Deus e não os podeis enganar! Considerai o futuro; procurai avançar nesta vida, e

---

7 Santo Agostinho, um dos pais da Igreja, conhecido como bispo de Hipona. São Luiz, por sua vez, foi rei da França (Luiz IX). O nome da capital do Maranhão é uma homenagem a esse rei. **Nota do revisor**

vossas provas serão mais curtas, vossas existências mais felizes. Vamos, homens, coragem! Afastai para longe de vós, de uma vez por todas, preconceitos e segundas intenções! Entrai na nova vida que se abre diante de vós, marchai, marchai! Tendes guias, segui-os: a meta não vos pode faltar porque essa meta é o próprio Deus.

Aos que pensassem ser impossível a espíritos verdadeiramente elevados se restringirem a uma tarefa tão laboriosa, e de todos os instantes, diremos que influenciamos as vossas almas embora estando a milhões de léguas de distância: para nós, o espaço não existe, e mesmo vivendo em outro mundo, nossos espíritos conservam sua ligação convosco. Gozamos de faculdades que não podeis compreender, mas estai certos de que Deus não nos impôs uma tarefa acima de nossas forças, nem vos abandonou sozinhos sobre a Terra, sem amigos e sem amparo. Cada anjo da guarda tem o seu protegido e vela por ele, como um pai vela pelo filho. Sente-se feliz quando o vê no bom caminho; chora quando os seus conselhos são desprezados.

Não temais fatigar-nos com as vossas perguntas; permanecei, pelo contrário, sempre em contato conosco: sereis então mais fortes e mais felizes. São essas comunicações de cada homem com o seu espírito familiar que fazem médiuns a todos os homens, médiuns hoje ignorados, mas que mais tarde se manifestarão, derramando-se como um oceano sem bordas, para fazer refluir a incredulidade e a ignorância. Homens instruídos, instruí; homens de talento, educai os vossos irmãos. Não sabeis que obra assim realizais: é a do Cristo, a que Deus vos impõe. Por que Deus vos concedeu a inteligência e a ciência senão para as repartirdes com vossos irmãos, para os adiantar na senda da aventura e da eterna bem-aventurança?

CAPÍTULO 9

Príncipe encantado

31 de julho de 1988

Estou sozinha mesmo. Nasci sozinha, sempre vou ficar sozinha. Tenho que me conformar. Mas me deu uma vontade imensa de ler a Bíblia. E foi a melhor coisa que fiz. Ao abrir o livro sagrado, senti que Deus estava do meu lado e que Ele sempre será o meu amigo. Isso me fez muito bem. Era o salmo 90. As palavras foram lindas!

Eu estava com 14 anos e esperava ansiosamente pelo meu príncipe encantado. Mas até então nada! Minha melhor amiga estava namorando. Eu fiquei muito feliz por ela. E ela, talvez querendo ser simpática, disse que o meu príncipe demoraria um pouco mais, mas que valeria a pena esperar. E que eu seria compensada em dobro.

Eu começava a alimentar sentimentos negativos. Sempre que estava mal recorria à *Bíblia*. E então a resposta veio em meu benefício. A mensagem era de confiança. Tem até um versículo assim: "Deus está aí, quando cremos estar sós; ouve-nos, quando ninguém escuta; ama-nos, quando todos nos abandonam".

E continuei esperando pelo meu príncipe. Mas ele não veio montado num cavalo branco, galopando numa relva verde. Ele deu as caras no Shopping Center, quando eu e outras colegas encontramos alguns meninos.

> *Ah... Decepção! Esperava uma coisa glamorosa. Mas tudo foi muito chato. Não fomos à pista de patinação, não fomos ao cinema, não fomos nem tomar sorvete, nem comer na praça de alimentação. Não fizemos nada, além de ficar andando para lá e para cá.*

Mas na semana de agosto cupido começou a trabalhar forte por mim. Um menino da Igreja, loiro de olhos verdes, dirigiu-me seu olhar encantador. Otávio, esse é seu nome, acabou me ligando e me convidando para sair. Mas minha mãe queria que ele viesse em casa primeiro para conhecê-lo.

> *Minha mãe permitiu que eu saísse com o rapaz, mas minha irmã deveria ir junto. Acabamos indo ao cinema, e ele foi tão fofo que não tentou nada. E olha que esses meninos, nessa idade, são todos assanhados. Mas o primeiro beijo não veio do Otávio. Ele foi muito certinho e não ousou me beijar. Mas duas semanas depois, na festinha de 15 anos de uma amiga, eu experimentei o beijo de um garoto. E não gostei! Fiquei muito desconfortável comigo mesma. Na verdade, eu detestei. No dia seguinte acabei dormindo até tarde, coisa que há muito tempo eu não fazia. Estava triste sem saber o porquê. Tivera um sonho horrível, mas, como tudo continua, minha mãe me acordou para a missa das 18h30.*

A essa época eu tocava violão e cantava na missa. Então era um trabalho que eu precisava fazer. Lá fui eu. Parecia que Deus estava me chamando mesmo para conversar. E aquilo foi bom para mim. Me tocou, me lavou a alma!

O diário está marcado também por notas tristes, como a do acidente com nosso amigo Ângelo, então com apenas 12 anos. Ele subiu no telhado de um galpão de fábrica para apanhar uma pipa para seu irmão. O telhado cedeu e Ângelo despencou de uma altura de 6 metros. Teve fratura craniana e permaneceu em coma por vários dias. O prognóstico era sombrio. Se sobrevivesse, certamente ficaria marcado por paralisia cerebral ou dos movimentos.

Passaram-se os dias e seu estado não se alterou. As esperanças foram se esvaindo. Nós mantivemos nossas preces. Deus sabe o que faz. Está nas mãos de Deus. Na semana seguinte, ele começou a apresentar melhoras. Saiu da UTI, a Unidade de Terapia Intensiva. Os familiares ficaram esperançosos.

Mas o quadro ainda era difícil. Ele não estava enxergando. No leito se debatia, por causa das convulsões. Eu observava seu estado e orava. Notei que quando era colocado na cadeira ele ficava melhor. Acredito eu que, apesar do coma, ele tentava comunicar-se conosco[8]. Tempos depois Ângelo foi para sua casa, mas não podia andar. Não falava. Manteve-se por meses no leito, sem falar.

---

8 Com efeito, há inúmeros casos de experiências de quase-morte em que pacientes relatam terem acompanhado, em desdobramento, o período do coma. Dão detalhes dos procedimentos médicos e mesmo reportam as conversas de parentes e familiares. **Nota do revisor**

CAPÍTULO 10

Fé raciocinada

4 de agosto de 1988

Chega de ter duas personalidades! Quero mudar. Não posso continuar sendo tão escandalosa na rua. Vou moderar a minha fala e vou falar correto sem muitas gírias. Às vezes sinto que as pessoas têm vergonha de mim por eu ser desse jeito. Quero mudar. Chega de ser má!

Vocês devem estar se perguntando por que escrevia tanto no meu diário. É que, desde a adolescência, eu pretendia lançar um livro sobre minha vida. Queria contar a todos o que eu estava passando e pelo que ainda deveria passar. Tinha e ainda tenho um sentimento de que estes registros serão úteis de alguma forma aos adolescentes, mesmo considerando que agora estou falando para uma outra geração, bem diferente da minha.

Além disso, tinha comigo a cisma de que não viveria muito e que era preciso deixar algo à posteridade. Acho que isso não era exatamente um pressentimento ou premonição, porque já estou com 46 anos e bem viva. Mesmo assim, ainda jovem, pedi a Miranda, minha melhor amiga (e ela continua sendo), que publicasse o livro caso eu fosse embora. Fiz ela prometer. E ela prometeu!

E uma das coisas que quero dizer às meninas é que não fiquem afobadas para ter um namorado. Sinto-me desconfortável por certas atitudes minhas. Ficava dando risada sem motivo, sobretudo na presença dos rapazes. Parecia estar assumindo outra personalidade. Era como se alguém, meu outro eu, estivesse tentando se libertar. Uma personalidade que emergia. Hoje entendo que eu estava em busca da minha identidade. Tinha uma vocação religiosa e, ao mesmo tempo, queria viver a vida, em liberdade.

Os jovens que me estão lendo devem estar muito intrigados, não? Pois então pergunto: algum de vocês já pensou em seguir uma vida monástica, como padre ou freira? Pois eu pensava nisso. Vejam o que escrevi:

> *Quero me desligar totalmente do mundo e viver para Deus. Não sei como. Pretendo descobrir. Talvez sendo freira. Não sei! Mas eu preciso descobrir o meu eu, ser boa e viver para os outros. Espero que um dia eu consiga. Não quero ir para o inferno, não quero maltratar as pessoas. Estou certa de uma coisa: eu sou má, apesar de todos falarem o contrário.*

Naturalmente, todos somos iguais perante Deus, por sermos criados por Ele. À luz do espiritismo, agora entendo o que isso significa. "Fomos criados à sua imagem e semelhança", se refere ao espírito, temos "elementos" da natureza divina de Deus em nós, temos o "DNA" de Deus.

Fomos criados simples e ignorantes (que desconhecem a existência de algo, relacionado a ignorar), isto é, todos partimos em condições iguais na direção do Criador. Alguns, pelo bom uso do livre-arbítrio, marcham mais depressa; outros, por rebeldia ou insensatez, vão ficando na retaguarda. Jesus, nosso irmão maior, é um espírito saído igualmente das "mãos" do Criador e, de acordo com o que revelaram os espíritos a Allan Kardec, é o Ser mais perfeito que Deus deu à humanidade para servir-lhe de modelo e guia.[9] Somos iguais perante Deus, mas estamos todos submetidos às suas magnânimas leis. E uma delas é a lei do progresso.

Ninguém pode permanecer estacionado por tempo indeterminado. Tanto o selvagem quanto o homem civilizado, todos estamos fadados ao progresso. Temos de avançar. Dirão alguns: E se eu me recusar? Ora, tudo bem. Ficará para trás. Até que, por sentir-se entediado, vai querer mudar. espíritos há que se demoram na erraticidade[10], por indolência ou mesmo falta de coragem, temendo fracassar no retorno à carne. E nesses casos Deus dá um jeitinho de fazê-los avançar, por meio de reencarnações compulsórias.[11]

O homem verdadeiramente livre é aquele capaz de discernir o mal do que é bem e escolher o que lhe é útil. E isso lhe permitirá avançar do ponto de vista moral, ao tempo que também avança do ponto de vista intelectual. Lembrando que o progresso moral se faz com mais lentidão. Isso explica por que vemos pessoas inteligentíssimas usando seu intelecto para extorquir, agredir verbalmente, roubar, enganar e às vezes até matar!

Hoje, com mais idade, posso dizer que, se tivesse me enclausurado num convento, talvez nunca tivesse descoberto o espiritismo. Mas foi no mundo, enfrentando as provas e vicissitudes, que pude mergulhar no meu eu profundo, o espírito que sou, viajor de muitas e muitas encarnações.

---

9 Questão 625 de *O Livro dos Espíritos*, de Allan Kardec.

10 Intervalo entre duas encarnações. espírito errante significa, portanto, que se encontra no mundo espiritual, aguardando o momento de reencarnar.

11 O que faria um pai com o filho que não quisesse ir à escola? Ele o pegaria pela mão e, com jeitinho, trataria de convencê-lo de que a escola lhe fará bem. Ele dirá que ele vai ter muitos amiguinhos, uma professora muito bondosa e que vai lhe tratar com carinho. A reencarnação compulsória é mais ou menos isso. **Nota do revisor.**

Não estou aqui menosprezando a educação formal. Graças aos estudos regulares que fiz, posso hoje escrever estas linhas, desenvolver raciocínios e apresentar minhas ideias. Mas essas aquisições podem se perder pelo caminho. Já tenho perda de memória. Vejo pessoas que eram tão bem-dotadas intelectualmente e que hoje sofrem do Mal de Alzheimer. Não reconhecem nem a si mesmas. Mas as conquistas morais, como espírito, estas não se perdem.

Com todo respeito às mulheres que escolheram a vida monástica, devo dizer que não basta fugir do mundo e trancar-se dentro de um mosteiro. É preciso estar no mundo para vivenciar as experiências do mundo. É nesse laboratório que vamos dilapidar o diamante que somos, desbastando as arestas do egoísmo e do orgulho, que são as grandes chagas da alma.

Não sei se me fiz entender. É preciso buscar o conhecimento, o progresso. Isso vai lhe dar autonomia nas próprias escolhas. Você poderá contrapor seus argumentos com mais força e clareza. O que nos quiserem impor, submeteremos ao crivo da razão. É melhor recusar dez verdades do que aceitar uma única mentira. E a isso chamamos fé raciocinada.

CAPÍTULO 11

Não alimente mágoas

1º de setembro de 1988

Já estamos em setembro. Penso que a vida está passando rápido demais. Parece que não estou nem conseguindo viver direito, quero dizer, espiritualmente. Não consigo me desligar do meu lado material. Gostaria de parar de assistir novelas que muitas vezes formam opiniões, parar de ser tão consumista. São tantas dúvidas e questões! O que mais queria é a paz na minha família, mas estou longe de conseguir isso.

O grande adversário do espiritualismo[12] é o materialismo. A sociedade nunca foi tão consumista. Eu sentia isso na pele, como

12 Não confunda espiritualismo com espiritismo. As religiões são doutrinas espiritualistas, porque pregam a existência da alma ou espírito, isto é, algo além da matéria. O espiritismo é uma doutrina espiritualista, portanto. Mas vai além do que outras religiões ensinam. Apoia-se em cinco pilares básicos: a crença em

podem ver no trecho acima. Uma briga com minha irmã era uma dor no coração, mais doída do que uma chicotada nas costas. E tudo por conta de coisas fúteis. Ela pegou uma blusa minha e eu fui tirar satisfação...

Grande verdade! Uma pessoa não tem o direito de magoar a outra, mas ao mesmo tempo me sinto burra, pois me permito ser magoada. Já na adolescência havia adotado um lema, que era como um mantra para mim: "Não existe ofensor; existe o ofendido". Mas se nos permitimos magoar é porque o orgulho foi ferido.

Isso explica muitas mágoas que, com o tempo, podem acabar prejudicando nossa saúde. Quem ofende não sabe o que está fazendo. Disse o médium Chico Xavier que é preferível sofrer uma agressão do que ser autor de uma. E então, com esse pensamento, nós superamos a mágoa e o problema passa a ser de quem magoou. Por isso, digo: "Minha irmã... Se um dia você ler este diário, que se transformou em livro, não se esqueça destas palavras. Não se revolte, pois o que passou, passou. Olhe sempre para frente, com otimismo." "Embora ninguém possa voltar atrás e fazer um novo começo, qualquer um pode começar agora e fazer um novo fim". Não é o que lemos nos livros de autoajuda?[13]

E, como dizíamos, a mágoa guardada no peito, o ressentimento, tudo isso pode gerar um processo cancerígeno, porque o nosso sistema autoimune fica abalado. Nos últimos anos, minha irmã teve de lutar contra um tumor. Sofreu muito. Mas, graças a Deus, superou a enfermidade. Recordo que ela me disse um dia: "Como é difícil mudar. É uma luta diária, de você contra você mesmo".

Deus. A crença na imortalidade da alma. A crença na comunicabilidade dos chamados mortos com os homens. A crença na reencarnação, ou na pluralidade das existências. E a crença na pluralidade dos mundos habitados. Estes os postulados básicos da doutrina espírita, codificada por Allan Kardec. **N.R.**

13 A frase tem sido atribuída, erroneamente, a Chico Xavier e também a Bob Marley. Na verdade, seu autor é James R. Sherman, e consta do seu livro *Rejection*, de 1982. **N.R.**

É verdade. Mas não nos devemos martirizar. Se hoje não conseguimos avançar, amanhã tentaremos novamente e talvez consigamos dar um passo à frente. Mas, sem desespero. Deus sabe e vê o seu esforço. Eu espero, minha querida irmã, que a dor tenha amenizado o seu jeito duro de ser.

É interessante notar que minha irmã (estou evitando dizer o seu nome por razões óbvias), ao mesmo tempo que era rude nas palavras, ela tinha uma qualidade que estou longe de alcançar. Ela tirava dela mesma para dar ao próximo, sem pensar duas vezes. Ao ver que alguém estava precisando de socorro, lá ia ela prestar ajuda. Perdi as contas de quantas vezes ela ajudou minha família. Minha querida irmã! Olhe sempre para frente. Você renasceu!

O câncer é algo complicado de se ter na família, principalmente quando é hereditário. Meu pai morreu de câncer, com 46 anos, e mais três tios meus. E minha irmã este ano (2018) completa 46. Mas sei que ela venceu. O câncer pode estar associado a tanta coisa! Hoje a Medicina está tão desenvolvida, que temos de rever muitos conceitos. Antes, bastava saber que um antecedente tinha morrido de câncer de mama, por exemplo, e a pessoa já entrava em pânico e fazia a mastectomia, antes mesmo que o tumor aparecesse.

Hoje, uma ciência nova chamada epigenética, isto é, que está acima da genética, tem demonstrado que a existência de determinado gene causador de câncer, mesmo estando presente em nossas células, não significa que esse gene vai se manifestar ou expressar-se. E sabem por quê? Porque a manifestação de uma doença dependerá não apenas do patrimônio genético da pessoa, mas também dos fatores mesológicos, isto é, o meio em que ela vive e sobretudo do seu comportamento e do que se nutre, espiritualmente falando.

Lembrem-se: todos nós somos um rei governando um reino. Esse reino é nosso corpo. Esse rei tem milhões de súditos para servi-lo. E esses súditos são os mais de 70 trilhões de células que compõem o organismo humano. Isso mesmo. Quem manda no gene somos nós. Isto é, o espírito que somos. E esse gene, para manifestar uma doença, dependerá dos nossos pensamentos. A vida nos ensina a parar, a repensar e muitas vezes vem com alguma dor, pois somos tão teimosos e estamos sempre voltados ao nosso próprio mundinho. Esquecemos que vivemos em sociedade e muitas vezes a gente aprende a amar apenas passando por algum desafio.

CAPÍTULO 12

Demônios

4 de setembro de 1988

Sobre a carta que eu mandei para aquele ator americano, digo que voltou toda amassada: "Endereço não encontrado"! É assim. Vou mandar outra! E como sempre, briguei com minha mãe. Eu detesto brigar com ela. Sinto-me horrível, pois não gosto de magoá-la. Desta vez o motivo foi porque divergimos sobre o que pensamos sobre demônio. Disse que não existe um espírito mau, com chifres; mas existem sim pessoas más, que nos levam a fazer coisas erradas. Induzem a gente ao erro. Mas ela não aceitou.

30 de setembro de 1988

Naquele dia fui treinar as músicas da Comunidade, com a equipe da Igreja. Minha mãe quis me levar. E então nós discutimos. Eu parecia a "ovelha negra da família". Eu?

Justo eu que sempre estou tentando acalmar as brigas em casa e apaziguar os ânimos!

Por que é tão difícil realizar a tal reforma íntima? Será teimosia mesmo? Muitos de nós só aprendemos à custa de sacudidelas e tratamentos de choque. Posso comparar um espírito rebelde com um adolescente teimoso, revoltado, querendo viver a vida loucamente e voltado apenas para si próprio e para o mal (orgulho e egoísmo).

Hoje, em meio aos estudos de *O Livro dos Espíritos* e *A Gênese*, e acompanhando os conteúdos publicados no portal SER, com Haroldo Dutra Dias[14], pude entender melhor esses aspectos da evolução do homem.

Com efeito, Deus não criou o mal. O mal é ausência do bem, como o escuro decorre da ausência de luz. O mal não está personificado em um ser, uma entidade - satanás, demônio, lúcifer etc. Deus é a inteligência suprema, causa primeira, ou primária, de todas as coisas (Questão nº 1 de *O Livro dos Espíritos*). Sendo justo e bom, com Seu amor pleno e infinito sobre nós e para conosco, como iria permitir isso? Deus criaria um ser totalmente mau? Então não acreditamos num Deus absoluto e na Sua bondade?

Com os estudos, descobri que a palavra *demônio* vem do hebraico e quer dizer adversário. Deriva também do grego *daimon* (*δαιμόν*), que significa gênio. Sócrates, o grande filósofo grego, dizia que era inspirado por seu *daimon*. Mas *daimon,* sendo um espírito, poderá agir no mal, caso não seja evoluído moralmente. Então, o que são demônios senão espíritos? Mas a palavra ficou, pelo uso, atrelada a espíritos maus. Vejam nas escrituras, quantas vezes foi usada nesse sentido. "Ide, limpai os leprosos; expulsai os demônios..." - recomendou Jesus a seus discípulos.

---

14 Haroldo Dutra Dias, promotor de Justiça em Belo Horizonte, MG. É orador e estudioso do espiritismo. Fez a tradução do Novo Testamento diretamente do grego. Suas palestras (muitas disponíveis no *Youtube*) são concorridíssimas. **Nota do revisor.**

Se agimos no mal, agimos como demônio do mal. Quando agimos sob o impulso do egoísmo, do orgulho, algum desses sentimentos negativos, estamos sob a influência do mal. Sei que é difícil transmitir um conceito novo àqueles que ainda estão arraigados a velhos. A mudança virá à custa de muitas e muitas reencarnações.

CAPÍTULO 13

Escândalo

20 de dezembro de 1988

Hoje à noite terei minha colação de grau. Está tudo uma confusão. Para variar, eu e minha mãe estamos brigadas. Mas, hoje? Justo hoje? No dia da minha formatura? No dia mais importante da minha vida? Isso não podia acontecer. Estão todos nervosos em casa; e a coisa piora a cada dia.

A fábrica está sob auditoria. Os fiscais vieram examinar as contas e descobriram que meu pai fazia algumas coisas erradas. E como não há nada que fique encoberto, que não venha à luz, a empresa agora está intimada a pagar, até o dia 26 de dezembro, uma soma de 19 milhões de cruzados[15]*. Que Natal maravilhoso teremos!*

15 Isso seria equivalente hoje, mais ou menos, a 200 mil reais. **Nota da autora.**

Jesus já afirmara. "É necessário que venha o escândalo. Mas, pobre daquele por quem venha o escândalo". Com efeito, toda ação gera um efeito, uma reação. Esse conceito da física tem um equivalente no campo moral. Uma ação má, cedo ou mais tarde, vai trazer uma consequência má. E a família sofreu com os erros de papai.

A fábrica agora estava no nome de mamãe. E ela teve de responder judicialmente pelas irregularidades cometidas. Sei que papai devia estar sofrendo muito, do outro lado, vendo o resultado dos atos cometidos. No mundo espiritual, a vida segue igual. E a nossa consciência fica ainda mais sensível.

Hoje tenho uma visão mais ampla de tudo e entendo que nada é por acaso. O que posso dizer é que fomos muito, mas muito mesmo, amparados por Deus nessa fase. Com certeza, fomos assistidos pelos bons espíritos. E vejo que ninguém fica sem expurgar as faltas cometidas, nesta ou em outra vida.

21 de dezembro de 1988

A formatura passou! E realmente foi bem engraçado. Saímos de casa com 30 minutos de antecedência, mas, para ajudar, faltando sete quarteirões, o trânsito parou. Como estava chovendo e tudo parado, fiquei desesperada. E todos acharam melhor que eu fosse a pé. Lá vou eu embaixo de chuva toda arrumadinha, quase que correndo, para o salão de eventos da minha escola.

Chegando lá, para minha surpresa, a energia elétrica havia sido interrompida. Todos os meus amigos da Igreja já estavam lá. Fiquei feliz, pois isso compensava a falta dos parentes. Do lado do meu pai, ninguém veio. Minha mãe era filha única; e meu pai tinha oito irmãos.

Muitas vezes os amigos se revelam parte de sua família. Porque os laços de família são mesmo espirituais. Os laços de parentela nem sempre correspondem aos laços espirituais.

Mas o Natal aproximava-se. Eu e minha irmã decidimos que aquele Natal seria diferente. Havíamos comprado umas castanhas e as escondemos no armário.

Na noite de Natal, nós preparamos a ceia. A mesa ficou linda! Minha mãe e minha avó gostaram da surpresa. Ganharam alguns presentinhos também. Então rezamos um Pai Nosso e uma Ave Maria e agradecemos a Jesus pela sua vinda. Depois todos fomos para casa de uma amiga de minha mãe, da Igreja, onde acabamos reunindo os jovens também, e lá ficamos conversando.

CAPÍTULO 14

Falando de sexo

1º de janeiro de 1989

Já é dia primeiro. Legal, não? O Ano Novo passou e eu nem percebi. Ontem, na praia, fomos ver a queima dos fogos. Todo ano a Prefeitura promove esse evento. Mas, para variar, eu estava na pior, novamente por ter brigado com minha mãe. Tudo por causa do meu irmão. Ele me ouviu falando que iria pichar o muro e foi contar para ela. Minha mãe disse então que eu parecia um homem; não sabia ser delicada e outras coisas. E se eu parecesse um menino, qual o problema? Mas eu estava certa da minha orientação sexual. Mas aquilo me deixou arrasada.

Vejam só! Eu obedecia aos conselhos da mamãe. As garotas da geração atual, do século 21, não parecem tão tímidas ou recatadas como eu era. Vejo meninas que conhecem três ou quatro meninos numa mesma noite. Parece até que estou assumindo o papel de minha mãe.

Mas é preciso refletir. Você passa a boca em um, em dois, três, quatro, cinco e seis meninos ou meninas... Meio estranho, não? Não seria melhor conhecer apenas um e, então, caso haja de fato uma sintonia, tentar talvez um namoro? Mas o que se vê hoje é um risco sério. E esse tipo de envolvimento só poderá desvalorizar a mulher!

Mas as palavras de mamãe ainda repercutiam dentro de mim. Sei que sou heterossexual. Tenho atração pelo sexo oposto. Mas comecei a me achar feia, gorda, sem corpo, chata e fresca. E então veio aquela ideia de autodesprezo e desânimo. Quem vai querer uma menina como eu?

Esses pensamentos ruins tomaram conta de mim e entrei numa faixa negativa. Para piorar, um sujeito maltrapilho, mal-encarado, passou a mão em mim. Eu respondi com pontapés e muitos gritos. Hoje isso seria motivo suficiente para uma queixa-crime, por assédio sexual.

O fato é que estamos num mundo de provas e expiações[16]. Temos de lidar com espíritos de todos os níveis. E o que dizer dos estupradores? A nossa primeira reação é enviá-los para a forca. Mas, com um pouco mais de comiseração, iremos reconhecer que o problema é bem mais complexo.

Na aulinha que dou aos *pitucos*, isto é, às crianças da Evangelização, mostro os encantos da Natureza e o quanto é belo nosso planeta. Deus, na Sua bondade infinita, deu-nos uma bela morada, mesmo considerando que seus habitantes são espíritos ainda pouco evoluídos. E em nosso meio permitiu que espíritos nobres renascessem aqui para conviver conosco, a fim de contribuir para o nosso adiantamento moral.

Vejam que a Terra, embora seja um planeta já em boa parte tomado pelo progresso material e tecnológico, ainda tem largas regiões tomadas por tribos selvagens, tanto na África, Oceania, nas Ilhas do Pacífico e mesmo aqui na América do Sul. Eles deveriam, como é de supor, habitar os Mundos Primitivos. Não é assim? Mas

16 Na escala de mundos apresentada por Allan Kardec, a Terra encontra-se nesse estágio, isto é, os espíritos que habitam o planeta ou estão submetidos a provas ou estão expiando (resgatando, sofrendo) as faltas cometidas. Muitos raros são os espíritos que não se encontram numa dessas situações. Na escala, temos ainda Mundos Primitivos (inferiores à Terra), Mundos de Regeneração (superiores à Terra), Mundos Felizes ou Ditosos e os Mundos Celestes. Veja também capítulo 55. **Nota do revisor.**

Deus permite que estejamos em contato, uns com os outros, justamente para que os que estão à frente colaborem para o progresso dos que estão na retaguarda.

Mas como é possível, em pleno século 21, uma escalada tão alta de crimes contra a mulher? Coloco-me no lugar da mulher violentada. Eu sei o que é isso, porque passei por esta experiência. O fato é: o Pai nos ama, e ama também aquele que não é bom ainda. Porque o mau, ainda que demore milênios, um dia será bom. Já um homem bom jamais retrocederá, tornando-se mau. Porque não há retrocesso na evolução. Pode-se estagnar, mas recuar é impossível.

Se somos bons, por que ainda estamos aqui, neste vale de lágrimas?

Tentarei responder com outra pergunta. Você já pensou que de repente você faz a diferença para muitos? Você, com a sua forma de vida, com a sua alegria, com o seu amor, contagia até aqueles que vivem nas sombras. Talvez sua missão seja de levar a luz, ajudar a iluminar o caminho para muitos. Mas, se não for, também não tem problema. Estamos aqui para aprender. Na escola também é assim. Se não aprendemos direito, temos de repetir o ano. Assim é com a evolução espiritual. Com a diferença de que nunca estamos sós, e que a misericórdia de Deus é infinita.

Imagine se você realmente cometeu muitos erros na vida anterior. Ora, terá de resgatar o que fez e reparar os danos que causou a alguém. Deus é tão misericordioso que, na maioria das vezes, Ele não deixa que resgatemos tudo de uma vez. Permite que o façamos em suaves prestações, conforme nossa capacidade. E, dependendo de nossa conduta, somos até liberados de alguns resgates, porque "o amor cobre a multidão de pecados".

2 de janeiro de 1989

Ontem fomos à cidade novamente, e acho que me comportei como devia. Mas não estava sendo uma companhia agradável para ninguém. Estava chata e arrogante. Acho que se eu voltasse como antes, mas menos louquinha, poderia ser melhor. Parece que todo aquele pique, aquela alegria, tinha sumido. Acho que eu devo mudar, não ser triste, amargurada, emburrada. Queria mudar, ser alegre e com um coração bom. Estou cansada, preciso de ajuda.

Às vezes não percebemos o que se passa com nossos filhos. Se estão deprimidos, ou apenas tristes; ou se estão mesmo em depressão, e em que grau. Vendo hoje, como mãe que sou, aconselho: Filhos! Procurem ajuda dos pais ou de uma pessoa adulta na qual você possa confiar. Pais! Fiquemos atentos. Novamente digo: nossos filhos precisam muito mais de ajuda do que podemos imaginar.

Essa nova geração é diferente da geração a que pertencemos. Quase tudo vem de forma mais acessível. Com a Internet, tudo mudou. Nossos filhos são imediatistas, impacientes, e querem resoluções rápidas. Suspeito que isso deve ser um dos motivos pelos quais os jovens de hoje sofrem muito mais de depressão do que aquela geração de 1980. Eles não precisam ter tudo; precisam de atenção, de amor.

Saibam, Deus nunca nos abandona, pois está em nós. Ele sente tudo que sentimos, como peixes mergulhados no mar.

Por não termos ainda o conhecimento suficiente para entender o que é Deus, muitas das vezes acabamos humanizando Deus, fazendo-O à nossa imagem, com corpo, com idade avançada, barba... Mas com o espiritismo, a partir das respostas dos espíritos, foi-nos tirado o véu que cobria os nossos olhos, explicando melhor sobre Deus e essa relação Pai e filho.

Deus é o criador de tudo: do Universo e todos os astros que rolam no firmamento. Dos seres vivos, terrestres, e de outros mundos habitados. E o Universo não é um vazio. Ao contrário, até os chamados buracos-negros, que se supõe vazios, estão preenchidos por um fluido etéreo.

Tudo que compõe o Universo é derivação de uma matéria chamada Fluido Cósmico Universal (ou matéria primitiva); tudo, menos o espírito. Lembrando que o conceito de matéria vem sendo modificado ao longo dos anos, à medida que a ciência vem descobrindo sua composição, seus elementos, revelando mesmo a existência de novos, além dos já conhecidos.

O próprio pensamento, espécie de campo vibracional, é uma modificação/derivação do Fluido Cósmico, como também o perispírito, conforme será explicado mais à frente.

Deus utiliza desse Fluido Cósmico Universal como meio de transmissão. E, como abrange toda a Criação, podemos dizer que Deus sente e sabe tudo que nos acontece, como também o que se passa em nossos pensamentos.

No capítulo 2 de *O Livro dos Espíritos*, lemos outras informações referente aos Elementos Gerais do Universo.

Allan Kardec fez judiciosas considerações a respeito de Deus também em *A Gênese*, capítulo II - A Providência:

> Como é que Deus, tão grande, tão poderoso, tão superior a tudo, pode imiscuir-se em detalhes ínfimos, preocupar-se com os menores atos e os menores pensamentos de cada indivíduo? Tal é a pergunta que muitas vezes se faz.
>
> Em seu estado atual de inferioridade, só dificilmente os homens podem compreender Deus infinito, porque eles próprios são finitos, limitados, razão por que o imaginam finito e limitado como eles mesmos; representando-o como um ser circunscrito, d´Ele fazem uma imagem à sua semelhança. Pintando-o com traços humanos, nossos quadros não contribuem pouco para alimentar este erro no espírito das massas, que n´Ele mais adoram a forma que o pensamento. É para o maior número um soberano poderoso, sobre um trono inacessível, perdido na imensidade dos céus, e porque suas faculdades e percepções são restritas não compreendem que Deus possa ou haja por bem intervir diretamente nas menores coisas.

CAPÍTULO 15

Deus é amor

9 de janeiro de 1989

Sinto-me sozinha no mundo, sem irmã, sem ninguém. Por que dá tudo errado comigo? Será que eu vim aqui na Terra para sempre dar tudo errado na minha vida? Eu preciso de carinho. Estou sozinha. Sou uma garota para quem nada dá certo. Gorda, feia... A ovelha negra da família. Estou aqui no meu quarto com a Bíblia aberta no Eclesiástico, capítulos 3 e 4, versículo 33. E é o que me consolou. Fiquei mais calma... Mas, às vezes, acho que até Ele me abandona.

Estamos aqui por uma razão. Não viemos para passar férias. Mas isso não quer dizer que temos que desanimar, pois a vida é um presente de Deus. É uma oportunidade de mudança, na qual nos fortalecemos e avançamos na estrada evolutiva. Temos de agradecer pela chance de reencarnar. Àquela época, na minha adolescência, não tinha essa noção. E por isso era mais difícil. Achava que não tinha feito nada realmente para merecer, por exemplo, uma irmã um pouco mais dura. Hoje sei que eu devo ter feito e sei que o plano divino é perfeito.

Quando estamos no plano espiritual, aguardamos o tempo certo para juntar, numa mesma encarnação, aqueles com quem devemos repartir experiências. Na maioria das vezes, são pessoas a quem prejudicamos. Então, será no reduto do lar que iremos limar as arestas, ao lado de irmãos, filhos, tios, pais, além dos agregados, isto é, aqueles que chegam até nós por vias indiretas.

E assim teremos de ajustar as contas com eles, compensando o mal com o bem, cumprindo-se assim a lei de causa e efeito. Esta lei não deve ser confundida com a lei de talião, a chamada "olho por olho, dente por dente". Não. Estamos falando da lei de amor, justiça e caridade. Ninguém deve devolver o mal na mesma moeda. Ao contrário, Jesus ensinou que se deve mesmo fazer o bem a quem nos faça mal. E recomendou que amássemos os nossos inimigos. Não é uma lei de vingança, mas é uma lei de amor. Quando percebemos, na Terra ou no Além, os erros cometidos, estamos no despertar da consciência. É o primeiro passo da remissão. Caímos em nós mesmos, arrependemo-nos e entramos no processo de expiação. É preciso reparar. Temos então a reencarnação como mais uma dádiva de Deus. Como lemos no Evangelho de João, "Deus é amor". E ainda, como afirmou Pedro: "O amor cobre uma multidão de pecados".[17] É pela força desse amor, pelos atos que praticamos em nome desse amor, sob a égide da caridade, que abatemos as dívidas que pesam sobre nossas consciências.

Dirá você, querido leitor, que estamos mais para a lei de talião do que para a lei de amor, justiça e caridade. Mas não é verdade. A lei do "olho por olho, dente por dente" apareceu cerca de 1.000 anos antes de Moisés; por outro lado, Moisés nos trouxe os 10 mandamentos que se refere à relação com Deus e com o próximo. Já, Jesus

---

17 V. Atos dos Apóstolos.

nos trouxe a lei do amor, e o espiritismo veio cumprir a promessa de Cristo, sendo o consolador prometido, veio entre outras coisas explicar suas parábolas.

A lei de talião, por incrível que pareça, significou um avanço para aqueles homens, ainda tão bárbaros. Antes dela, as atrocidades eram ainda piores e a crueldade imperava. Se um indivíduo de uma tribo matasse um membro de outra tribo, esta teria então direito de exterminar os membros da tribo agressora.

Vejam como a lei do progresso atua. Vejam como Deus é maravilhoso! E quanta paciência Ele tem conosco. Éramos primitivos e não sabíamos viver com amor e compaixão. E Deus, aos poucos, foi-nos ensinando. Sem violentar o nosso livre-arbítrio. Veio então Jesus, o Mestre dos mestres, e nos apresenta a lei de amor. A paisagem terrestre modificou-se. Jesus veio retirar a ideia errada de um deus vingativo. Jesus nos apresentou o Deus-pai, amoroso, justo, infinitamente bom e misericordioso. Um Deus que perdoa (isto é, concede-nos sempre a oportunidade de reparar o erro). Um Deus que respeita o livre-arbítrio de cada um, sem tirar a responsabilidade por seus atos.

Além disso, quando fazemos o mal, desequilibramos tudo em nós e ao nosso redor. E então precisamos nos equilibrar novamente. Para o nosso corpo espiritual, essas imperfeições são como manchas, as quais precisamos limpar, diluir no detergente do perdão, que reabilita o ser.

Reencarnação é um processo do amor de Deus, e, com a intervenção de nosso Pai, pessoas são colocadas no nosso caminho para nos auxiliar, além dos nossos espíritos guardiões (nossos anjos da guarda) que sempre estão ao nosso lado.

CAPÍTULO 16

Jesus

21 de janeiro de 1989

Jesus sempre foi o meu consolo, meu abrigo, meu amigo. Talvez por isso que a imagem dele foi colocada para mim. Sei lá! Jesus sempre está conosco. Sempre!

Minha irmã vive dizendo que estou louca, mas será que ninguém entende que eu também preciso de ajuda? Será que estou realmente ficando louca? Talvez sim. Sabe... Eu vi Jesus. Ele me disse para não brigar mais com minha irmã.

Essa foi a fase crítica na administração da fábrica, da qual papai foi diretor e proprietário. Os prejuízos foram acumulando. E passamos por uma fase de dificuldades financeiras. Minha mãe estava cansada. Houvera uma briga entre os gestores da fábrica. Meus primos entraram em desacordo com um funcionário muito antigo, que era da confiança de meu pai. A briga foi tão feia que a situação chegou a um ponto insustentável. Ou esse funcionário saía, ou meus primos deixariam a fábrica.

E eu me sentia também esgotada e chegava, às vezes, a desejar não ter nascido. Pensava que, talvez assim, minha irmã tivesse mais juízo e não brigaria tanto com meu irmão. Estaria livre desse ciúme da filha mais nova. Tudo seria diferente. Minha mãe teria só ela para consolar, além de diminuir o ciúme que ela tem de mim. Por fim, ninguém brigaria com a minha avó, já que era eu a que mais tinha encrencas com ela. Esses pensamentos destrutivos vinham à mente vez por outra. E isso era muito perigoso. Como sabem, eu já tinha tido antes a ideia de suicídio.

Recordo que aos 5 anos e meio eu tive a visão de Jesus. Isto é, a imagem idealizada que temos nós, os cristãos, do Cristo, com base nos relatos e desenhos que estão nos livros religiosos e que também já foi mostrada no cinema. Ademais, hoje temos informações, via mediúnica, de como era Jesus. Isso consta da carta que o senador Públio Lêntulus enviou ao Imperador Tibério César.

> [...] Um homem de justa estatura e é muito belo no aspecto, e há tanta majestade no rosto, que aqueles que o veem são forçados a amá-lo ou temê-lo. Tem os cabelos da cor amêndoa bem madura, são distendidos até as orelhas, e das orelhas até as espáduas, são da cor da terra, porém mais reluzentes.
>
> Tem no meio de sua fronte uma linha separando os cabelos, na forma em uso nos nazarenos, o seu rosto é cheio, o aspecto é muito sereno, nenhuma ruga ou mancha se vê em sua face, de uma cor moderada; o nariz e a boca são irrepreensíveis. A barba é espessa, mas semelhante aos cabelos, não muito longa, mas separada pelo meio, seu olhar é muito afetuoso e grave; tem os olhos expressivos e claros, o que surpreende é que resplandecem no seu rosto como os raios do sol, porém ninguém pode olhar fixo o seu semblante,

> porque quando resplende, apavora, e quando ameniza, faz chorar; faz-se amar e é alegre com gravidade. [...][18]

Como queria esclarecer o que realmente tinha visto, contei o ocorrido ao sacerdote. Ele me disse que espíritos às vezes se passam pela forma de Cristo. Hoje, estudando o espiritismo, vejo que sua resposta tinha muito acerto e vem ao encontro do que aprendemos na doutrina. Valendo-se de sua vontade, o espírito atua sobre o perispírito, que é o envoltório fluídico que o reveste e permite que seja visto por outros espíritos e mesmo pelos encarnados. Graças à sua plasticidade, que é uma das muitas propriedades desse envoltório, um espírito pode se apresentar sob diferentes formas. Os espíritos malfeitores, que gozam de alguma sabedoria, podem também assumir formas animalescas, quando desejam assustar aqueles a quem obsidiam.[19] No meu caso, muito religiosa, não poderia crer nos espíritos, só nos santos.

Foi assim: minha casa era de dois andares. No térreo ficavam as salas, banheiro e cozinha. No andar de cima, os quartos. Não me lembro muito bem o motivo, mas meus pais me pediram para subir. Acho que era para ajudar minha avó na arrumação das camas. Na época tinha muito medo. Imaginava tudo e mais um pouco.

> *Pus o pé no primeiro degrau da escada e lá no topo eu o vi, com uma túnica branca, resplandecente. Um brilho inexplicável. Ele estava lá, no último degrau. Era tão lindo e consolador, que me senti leve e em paz. Naquele momento tudo passou. Lembro-me como se tivesse sido ontem. Ele olhou para mim e disse para eu não ter medo de subir as escadas, para não brigar mais com minha irmã e por fim disse*

---

18 Documento encontrado no arquivo do Duque de Cesadini, em Roma. **N.R.**

19 Veja licantropia em *Missionários da luz*, de André Luiz. Ou ainda o capítulo X de *O Livro dos Médiuns*. **Nota do revisor.**

que para que meus pais não duvidassem de mim Ele ia me contar o sexo do nenê que minha mãe estava esperando. E me contou. Seria um menino!

E de fato veio meu irmãozinho, de quem eu cuidei como se fosse meu filho. Naquela época só descobríamos o sexo quando nascia, pois não havia ainda os recursos modernos de que dispomos hoje em dia, que nos permitem conhecer o sexo da criança já no terceiro ou quarto mês da gestação.

CAPÍTULO 17

Eu e minha mãe

21 de janeiro de 1989

Nesse período aconteceu tanta coisa na fábrica! Aquele funcionário não está querendo mais trabalhar lá. E um dos motivos é porque meu primo Cláudio não sabe muito lidar com a equipe. Para ele, ser chefe é ser durão e mandão. Infelizmente, ele trata os funcionários à base de xingamentos e palavras duras. Minha mãe não aceita o jeito dele. Por isso se vê em desespero. Sozinha não consegue tocar a fábrica. Ao mesmo tempo, com a ajuda dos primos está muito difícil.

Parecia que eu era mãe da minha mãe. Quase todas as noites ela me chamava para dormir com ela. E várias vezes, de madrugada, quando acordava, ela estava chorando ao pé da cama. Tentava consolá-la, dizendo para que não deixasse de confiar em Deus. Eu falava tantas coisas bonitas que nem acredito que saíam da minha boca. E na verdade não saíam mesmo; era naquele instante, apenas instrumento de Deus.

A história desses primos que trabalharam na fábrica de minha mãe foi também interessante. Um dos funcionários - não me lembro ao certo se foi nessa época de brigas - alertou minha mãe quanto a alguns fatos estranhos que estavam acontecendo. Segundo esse funcionário, a fábrica estava sendo roubada pelos primos.

Olhando hoje de uma outra forma, acredito que isso tenha realmente acontecido, pois, enquanto a fábrica estava afundando, meu primo comprou uma casa na praia e um barquinho. Todos diziam que tinha sido com o dinheiro que ele desviava da fábrica. Mas como não tínhamos como provar, seguíamos em frente. Eram três primos que trabalhavam lá; dois saíram antes de tudo estourar, talvez porque não aceitassem as atitudes daquele que ficou. E este permaneceu à frente dos negócios até o desfecho de tudo.

Realmente ainda não sei o que sinto. Não sei se tenho algo para perdoar. Hoje, entendo que ele era muito jovem, e sua ambição não tinha limites. Por isso fez o que fez. Mas raiva não tenho; só não consigo ainda ter muito contato com eles, como antes.

Voltando ao relacionamento com minha mãe: numa noite, depois de me fazer de vítima, recusei dormir na minha cama. Então fui dormir no carpete da sala. Minha mãe me censurou. Eu então fui para a poltrona, de onde podia ver as estrelas no céu. Acabei dormindo ali mesmo. Mas acordei com minha mãe na minha frente! Fui para a cama e então dormi pesadamente, até as 9h30.

Minha tarefa naquela manhã era lavar o quintal, mas acabei deixando para o período da tarde. Quando mamãe chegou e viu que eu ainda não tinha feito a tarefa, ela ficou nervosa. Foi a gota d'água para que começasse a briga.

Mas acho que a briga foi mesmo para descontar tudo que havia acontecido na noite anterior. Para piorar, meu amigo

Moacir chegou em casa no meio da tarde, justo quando eu deveria lavar o quintal. E quando ele se foi, começou uma nova briga. Minha mãe falou, falou, falou. Disse que eu só pensava nos amigos, que eu não me importava com ninguém.

Poxa! No começo da semana já tinha lavado e quintal e limpado os quartos. Depois acabei pegando uma gripe e ainda estava me recuperando. Minha mãe diz tudo isso. Mas nem amigos eu tenho! Os únicos amigos mesmo que eu considero são dois. As férias estão terminando e eu não fui ao cinema, nem ao Shopping. Não fiz nada! E mesmo assim na briga mamãe disse que eu era uma neurótica, viciada (não sei em quê!) e sapatão... E ainda uma pessoa me chama de louca. Estou achando que eu sou mesmo. De repente seria melhor eu assumir.

Vejam quantos problemas! Uma cabecinha assim, tão confusa. E minha mãe tão despreparada, colocando ainda mais conflitos dentro de mim. Hoje, vejo por que há tantas pessoas fazendo terapia, tomando ansiolíticos e antidepressivos. Eu poderia ter ido parar numa clínica psiquiátrica.

Felizmente, o ambiente doméstico que estava tão ruim modificou-se com a visita do Ângelo, seus irmãos e sua mãe, dona Aurora, a quem eu amo muito. Aurora virou minha madrinha de crisma, amiga e segunda mãe. E ainda tivemos essa boa surpresa de ver o Ângelo, quase andando sozinho (ele havia sofrido um acidente grave, caindo do telhado da casa, lembra?). Sua alegria era contagiante. Está sempre otimista e até faz piada com a própria situação. É um exemplo de superação.

A visita deles salvara meu dia. Mas ainda me sentia culpada. Sentia-me solitária, precisando de carinho, paciência e amor. Dizia: "Eu sou mesmo uma bobona. Minha mãe não tem culpa".

Foi assim, vendo o Ângelo daquele jeito, que comecei a perceber que meus problemas eram diminutos. Ele passou tantos meses na cama, debatendo-se, em convulsão, grunhindo. Não falava nada. E agora estava ali dando uma lição de força e esperança para todos nós. Ângelo se superou. Mesmo tendo parte do corpo paralisada e problema num dos olhos, ele está aqui servindo de exemplo para muitos. Fez duas faculdades, formou-se em letras, tem inglês fluente e já foi professor bilíngue. Fez pós-graduação e hoje trabalha em empresa multinacional. Sempre se destaca por sua força de vontade, comprometimento e eficiência. Recentemente viu nascer seu primeiro filho. Um bebê lindo...

CAPÍTULO 18

Quem é meu próximo?

2 de fevereiro de 1989

Hoje fui assistir ao filme O Retorno de Jedi. Esse filme é estrelado pelo ator a quem mandei uma carta. Sei quase tudo sobre ele, ele mora no Estados Unidos, é casado, tem dois filhos, tem 36 anos, não gosta muito de responder às cartas de fãs, mas eu tenho esperança de que lerá a minha. Mas sei que é difícil. Às vezes temos de viver alguma fantasia, se não só vivemos pelo concreto, pela matéria. E o mundo não é só matéria.

Realmente esperança é a última que morre. Gente, convenhamos: naquela época saber de toda essa informação era um verdadeiro milagre. Não tínhamos internet como hoje.

A fábrica continuava a mesma coisa. Sem muita saída. Mas eu confiava em Deus, que um caminho ainda ia aparecer.

Mudando de assunto, vou contar um fato que significou muito para mim. Isso não quer dizer que sou santa, mas é uma coisa que as pessoas podiam fazer: viver mais em sociedade, pensar mais no próximo. Vou contar: Antes do carnaval em uma das idas ao dentista, encontrei uma senhora com uma criança. A senhora não estava se sentindo bem e, com isso, acabei levando as duas para casa. Acabei sendo criticada por todos, mas não liguei. O que me importava era fazer a coisa certa. Minha mãe não foi muito favorável. Ela ajudou a acolher as novas hóspedes com comida e um pouco de dinheiro. Depois as duas seguiram o seu caminho.

A Parábola do Bom Samaritano é uma bela lição de fraternidade. Eu tenho meditado sobre mais esse ensinamento do Mestre. Um jovem perguntou a Jesus o que era preciso fazer para entrar no Reino dos Céus. Então, ele respondeu que era preciso amar a Deus sobre todas as coisas e ao próximo como a si mesmo. O jovem redarguiu: E quem é meu próximo?

A resposta do Mestre veio em forma de parábola. Eis como eu interpretei a parábola, no meu entendimento de menina adolescente.

Um homem foi atacado por assaltantes, que o deixaram quase morto. Passou um sacerdote, olhou e seguiu; passou um levita, e fez a mesma coisa. Mas houve um terceiro... um samaritano. Este teve dó do homem, tratou suas feridas e o levou para uma hospedaria… Claro que tudo isso é significativo. Mas acho que devemos fazer algo. Já que o governo não faz nada, temos que começar por nós mesmos. Afinal, todos somos irmãos.

Hoje, talvez fosse loucura hospedar quem não conhecemos, mas podemos fazer a diferença ajudando o próximo, que muitas vezes está mais perto de nós do que imaginamos. Quem é o meu próximo?

Meu irmão consanguíneo? Meu colega de classe? Meu colega de trabalho? Será meu pai? Minha mãe? Existe o próximo mais próximo. E o próximo mais distante. Mas todos são nossos semelhantes, são nossos irmãos em Deus. Importante dizer que amar o próximo não será dar-lhe dinheiro ou comida. Muitas vezes, eles esperam de nós é um gesto de amor e consideração!

Mas a vida seguia. E eu não podia fugir das grandes decisões em família. Uma delas era com respeito à fábrica.

13 de fevereiro de 1989

A situação da fábrica piorou e as dívidas aumentaram. É estranho pensar na situação, a gente ouve tanta história que uma pessoa perdeu tudo, quebrou, ficou com uma mão na frente e outra atrás. Quando o caso é com a gente tudo muda. A gente sempre pensa que não acontece com a gente.

O impasse prosseguia, até que um funcionário antigo, braço direito de papai, falou conosco. E disse que a situação era grave. E teríamos de escolher uma das três opções possíveis. Fechar o estabelecimento, vender a empresa ou passar a sua administração a um dos primos de papai.

É estranho. E não é a primeira vez. Senti a mesma coisa com a doença de meu pai. Víamos o câncer como algo que acontecia apenas com os outros. Interessante que na década de 80 o câncer era algo sobre o que não se comentava. Nem mesmo o nome da doença era pronunciada.

Agora, estamos diante de um impasse na fábrica. Ontem fiquei sabendo que o antigo amigo do meu pai deu três saídas: entregar a fábrica para o meu primo, que está louco para ficar com ela, vendê-la ou fechá-la. Mas acho que vamos ficar com a primeira opção. Se eles aceitarem, haverá uma vida nova para todos da família.

Enquanto essas preocupações dominavam a cabeça de todos nós, eu ficava orando. Especialmente quando ia à praia. E hoje, com os estudos que venho fazendo à luz da doutrina espírita, aprendi que é possível conectar com o Pai, em qualquer lugar, através da oração. Para uma boa meditação, tudo dependerá de você mesmo. O lugar será apenas um fator coadjuvante. Mas é óbvio que a proximidade com a Natureza fará uma grande diferença. O céu, o mar, as estrelas, as flores, os pássaros, tudo isso nos aproxima do Criador. Mas se isso não for possível, a mente poderá conectar-se do mesmo jeito, desde que façamos uma boa concentração.

> *Vejam a experiência que me ocorreu: fiquei observando um inseto, talvez um aracnídeo, que morava numa casinha de barro. É incrível a Natureza! Se observarmos mais, poderemos ver a beleza da criação e até encontrar a paz. Aqui pelo menos eu posso encontrar um pouquinho de paz, que a Natureza dá de graça. Se pudesse moraria no meio do mato, perto de uma cachoeira, para me banhar.*

Hoje, as pessoas não têm tempo para nada; nem para ouvir um pássaro cantar, ver uma flor em uma árvore. Vivem atropelando pessoas, passando por cima das coisas mais belas, sem notar a beleza do dia. Acho que, no começo, tínhamos uma ligação maior com a Natureza

CAPÍTULO 19

Suicídio? Nem pensar

24 de fevereiro de 1989

O que é a vida? Um dia de alegria? Um dia de tristeza? Um dia de chutes? Um dia de carinho? A vida é feita por você mesmo. Faça de cada dia da vida uma página feliz. E eu... O que sou? Sou alegre, sou triste? Sou infeliz? O que sou para o mundo? Sou mais uma menina com problemas entre milhares no mundo. Sou gente e ocupo um lugar neste mundo. Sou uma pessoa sentimental. Sou esperança do mundo. Sou a vida.

Vejo que esse foi um período difícil. Eu estava à beira de uma depressão, imagino. E também muito introspectiva. Querendo um ombro amigo para desabafar. Meu coração confrangia-se. Sentia falta de alguém que pudesse me ouvir. Um amigo que me ajudasse. Mas o que é amigo?

Amigo é aquele que não deixa o outro chorar e, ao mesmo tempo, é aquele que sempre está pronto para estender a mão, oferecer o ombro para que o outro possa apoiar a cabeça. Amigo é coisa para se guardar dentro do coração! Amigo é o irmão que vive lado a lado. Amigo é a mãe experiente e vivida. Amigo é aquele que ajuda sem querer nada em troca. Amigo é amigo de verdade.

Eu fui à casa da Miranda e ela me contou de um colega dela que morava perto. Sua história é forte. Era um garoto de 16 anos, sem pai e sem mãe, morando aqui e ali. Acabou se envolvendo com uma gangue que o ameaçou de morte, a ele e também aos tios. Não o conhecia direito, mas me deu dó. Fiquei triste e, ao comentar com um amigo, ouvi a frase mais comum que se pode ouvir. "Infelizmente cada qual passa pelo que precisa passar". É duro entender isso, mas é verdade.

E esse amigo me disse outras coisas. Quanto à minha falta de valorização, recomendou que olhasse mais no espelho, para os lados, e observar. Muitas pessoas não tinham nem metade do que eu tinha, em todos os sentidos. Sobre a minha mãe e minha irmã, esse amigo aconselhou dar mais atenção para elas, pois elas estavam ali por uma razão, e eram as pessoas mais próximas de mim. Já meu outro amigo Bob, que também era da comunidade, falou para ter esperança, que nada acontecia por acaso. Dizia ele: "Tudo tem um porquê" E eu acrescentei. "E um para quê".

Interessante ver que eu me cobrava muito a todo instante. Vejam o que escrevi no caderninho naquele 24 de fevereiro.

Às vezes eu paro para pensar, e parece que tudo eu já sei. E sempre vem uma ideia muito forte de que estamos apenas de passagem para um outro mundo e que, depois, é muito tarde para se arrepender. E que eu preciso ser boa nesta vida! Acho que é por isso que eu me martirizo tanto, pois não considero ser uma pessoa boa, principalmente com a minha família.

Por isso, façamos a reforma íntima sem martírio. Não devemos nos acomodar no erro, mas, se erramos, devemos reconhecer o erro, e seguir em frente para não errar mais. E não ficar apenas nas lamentações.

28 de fevereiro de 1989

Minha mãe sempre cortava o meu cabelo quando eu era menor, e eu, sempre do contra, nunca gostava dos cortes que ela fazia. Essa semana ela cismou em cortar as pontas do meu cabelo, queria que queria, mas no meu coração sentia que algo ia dar errado, mas acabei deixando mesmo assim, e é lógico que não foi só as pontas, ela acabou cortando mais de um palmo!!!...

Ontem eu tive que ir até o Metrô (Estação Ana Rosa) e faltou pouco para não me jogar nos trilhos. Queria acabar com tudo isso. E então lá fui eu outra vez abrir a Bíblia, meio ao acaso. Caiu o Salmo 23: "Deus é o meu pastor e nada me faltará". No Salmo 24, estava escrito: "Para entrar no reino de Deus é preciso ter as mãos limpas e coração puro". No 25, uma súplica. E parecia que era eu mesma que clamava a Deus, pedindo para me mostrar o caminho que tenho que seguir. No final, veio a mensagem: "Deus resgata Israel e todas as suas súplicas".

Depois disso, à noite, ainda fui para a celebração. E a palavra foi sobre o perdão. Seria uma celebração um pouco diferente, porque antecedia as comemorações da Páscoa, com confissões. Dizia assim: "Perdoe não sete vezes, mas setenta vezes sete. Se Deus nos perdoa inúmeras vezes, por que não perdoar nosso irmão? A outra leitura dizia que Deus ama a todos sem exceção, desde o ladrão até o homem trabalhador". Aquela lição vinha diretamente para mim.

Na hora da confissão, falei sobre o caso do Metrô para o sacerdote e ele muito amoroso disse que Deus me ama tanto, que não ia deixar que eu cometesse aquele ato. Falou também que eu deveria ver quantas pessoas existem neste mundo que enfrentam problemas muito sérios. Umas apresentam problemas físicos; outras, problemas psíquicos... Há tantos jovens e crianças sem pais; outras tantas sem lar, enfrentando duros desafios... E que eu era muito privilegiada. Sobre meus pecados e sobre a forma que me cobro constantemente ele disse que Deus me ama do jeito que eu sou, e para eu nunca desistir de tentar mudar, mas sem sofrimento, deixando Deus agir mais na minha vida, "pois Ele me ama e te ama também". Deus envia Seus mensageiros onde você estiver e onde você frequentar.

3 de março de 1989

Hoje, quando assisti à peça Sermão Sexagésima, na minha escola, algo me fez pensar. Era a encenação da Parábola do Semeador. O semeador jogou sementes no caminho. As primeiras caíram em terreno cheio de pedras. As pedras, representando a dureza de nossos corações, não deixaram que elas germinassem. Outras, caídas sobre espinheiros, acabaram sufocadas. Os espinhos podem ser representados pela maldade humana. Outras tantas, os pássaros comeram-nas. Isto é, os ensinamentos foram preteridos pelos homens, por sua falta de interesse nas coisas espirituais. E, por fim, houve aquelas que caíram em terra fértil. Se desenvolveram, deram frutos. Elas representam o homem bom, cujo coração soube acolher os ensinamentos de Deus e praticá-los.

Meu coração de menina era sensível às mensagens do Evangelho. E eu podia compreender o sentido dessa parábola, contada por Jesus. Eu tinha captado a essência:

> *O papel do agricultor era lançar as sementes. Mesmo caindo no meio de pedras, ele sabia que elas um dia iriam florescer. O homem de coração duro um dia irá aceitar as verdades mais nobres. Porque ele removerá as pedras e seu coração se tornará dócil. As sementes que caíram nos espinhos... Um dia o homem egoísta arrancará esses espinhos e vai arar a terra, tornando-a fértil e produtiva, e a colheita será boa. Assim é o semeador. Ele não perde as esperanças. Esse semeador é Deus e Jesus. Sempre lançando sementes no solo dos nossos corações.*

CAPÍTULO 20

Mortos-vivos

18 de março de 1989

Hoje foi o show do conjunto A-HA. Foi maravilhoso. Mas semana passada foi uma confusão, pois na minha cabeça estava tudo certo que eu iria, com minhas amigas, ao hotel onde o grupo se hospedou, íamos fingir que éramos conhecidas deles e dar um jeito de entrar no hotel. Mas é lógico que minha mãe estragou tudo. Não deixou eu ir e acabamos tendo uma briga e tanto.

Realmente é para rir. Até parece que mamãe iria consentir numa loucura dessas! Não é por nada não. Mas pensa: quem em sã consciência deixaria uma turma de adolescentes de 14 anos entrar num hotel para falar com os membros de uma banda de rock? É muito engraçado, não? Mas nessa época era permitido sonhar. E era tão bom!

Com o "não" de mamãe, fiquei muito brava. E para piorar, além de não ir ao hotel, acabamos comprando ingressos para arquibancada; e eu queria mesmo era sentar nas numeradas, assim poderia ficar mais próximo da banda. E não é que a posição da arquibancada era a mesma que a da numerada? Além disso, tivemos muita sorte, porque ficamos perto do portão e da passarela por onde a banda passou quando foram em direção ao palco. "Acabei vendo os músicos de pertinho, a uma distância de dois metros".

Bem, vou pular os trechos seguintes, que não têm nada de importante. Apenas paqueras, saídas com amigos e coisas assim, que eram naturais para meu coração de moça.

Então veio o feriado da Semana Santa. Na quarta-feira, 26 de março, fomos para praia. Na sexta-feira à tarde, fomos para as ruínas de um antigo convento jesuíta, que se tornou atração turística, situado no aclive de um pequeno morro. Lá do alto a vista era linda! Dava para ver a praia e uma parte do centro da cidade.

Mas, no sábado, retornamos a São Paulo e à noite fomos à celebração para celebrar a "bênção do fogo". Era uma espécie de preparação para a Páscoa, no dia seguinte. Em seguida, fizemos a "vigília", em que ouvimos sermões, leituras da *Bíblia* e ainda assistimos a um batizado. Acho que nessa Páscoa senti o verdadeiro significado da palavra *ressuscitar*, sair da morte para a vida!

E no domingo estava feliz comendo meu ovo de chocolate, cantando músicas da Igreja. Novamente Deus me ajudou, e sempre vai ajudar. As palavras da celebração me ajudaram muito e eu pude compreender o real significado da Páscoa.

Ao ressurgir diante dos apóstolos, Jesus nos deu a mensagem da imortalidade.

E mais do que ressuscitar do túmulo, aprendi que muitos de nós estamos na condição de mortos-vivos. De olhos fechados para as Verdades Eternas. Para mim, isso é também ressuscitar, seguindo sempre o exemplo de Cristo.

29 de março de 1989

Hoje a celebração me ensinou muito. Antes de ir, tive uma briga feia com a minha irmã e acabei fazendo ela chorar. Parece que os papéis inverteram. Mas não é por aí que se resolvem as coisas. Hoje mesmo tive a comprovação na celebração. Uma das leituras dizia que cada um tem o seu caminho, mas que não devemos só seguir, devemos caminhar com Deus, agir como senhor Jesus agiu, e que, no final desse caminho, Deus estará nos esperando com o seu amor infinito. Em outro momento disse para seguir o caminho de Deus e não das trevas, seguir a bondade e não ficar na maldade, e seguir a vontade de Deus.

Aprendi por que não se deve condenar o outro. Mesmo que você seja mais evoluído moralmente que o seu irmão, filho, amigo, pai, mãe, eu aprendi que em vidas anteriores, no passado, poderemos ter cometido os mesmos erros que tanto nos escandalizam ou até piores. E é por isso que temos de ser acolhedores, amáveis, até com esses irmãos. E eu digo irmãos no sentido amplo, irmãos em humanidade, irmãos perante Deus, nosso Pai. Se você não é um missionário, então você é um espírito que veio expiar erros que cometeu. Isto é, você não pode censurar no outro aquilo que você superou numa existência anterior. Para ilustrar, relembro uma passagem do Evangelho: Como você pode tirar o cisco no olho do seu irmão se você tem uma trave tapando o próprio olho?

CAPÍTULO 21

Mediunidade infantil

2 de abril de 1989

Hoje é domingo. E deveria ser um dia de alegria. Pelo menos na comunidade. Cada qual experimentou um momento de reflexão a sós, o que chamamos Deserto. Eu acabei indo para um bosque que ficava ao lado do lugar onde estávamos e me veio na lembrança o dia que eu vi Jesus, NÃO É MENTIRA. Eu era pequena, tinha em torno de 5 anos. Estava com minha família na sala de TV e minha vó no andar de cima, arrumando as camas.

Ainda hoje me pego explicando a mim mesma esse fenômeno. Eu vi um espírito, que se parecia com Jesus, ou que se apresentava na aparência que fazemos do Cristo, conforme aparece nas pinturas sacras, nos quadros de muitos artistas, das várias escolas, e mesmo aquelas que vimos no cinema, nos grandes clássicos de Hollywood.

Sabemos que os espíritos podem, pela ideoplastia, com a força de sua vontade, agir sobre o próprio perispírito, modelando-o da maneira como queira. Até falei isso anteriormente aqui. Mas o espírito deu-me conselhos e ainda me falou qual seria o sexo do bebê que mamãe estava esperando.

Ora, se hoje podemos conhecer o sexo do bebê com poucos meses de gestação, com os recursos da medicina moderna, os espíritos podiam também. Com certeza.

> *Mas lá no pequeno bosque, eu queria me encontrar com Deus. Pedi um sinal, queria ver se realmente eu estava certa sobre a visão de Jesus. Então fechei meus olhos e, quando eu os abri, uma pequena vespinha verde parecia estar olhando para mim. Parou bem na frente dos meus olhos. Juntou as patinhas e esfregou-as até cansar. E então foi embora. Eu fechei novamente os olhos e pensei a mesma coisa. E ao abrir, adivinha quem estava ali diante de mim? A vespinha. Interessante! Lá no alto das árvores os pássaros cantavam sem parar. Foi tão lindo que me senti envolvida pela Natureza. Senti a energia das árvores, o canto dos pássaros. Foi muito gratificante.*

À luz do espiritismo, essa visão do espírito que eu tomei por Jesus nada tem de sobrenatural, mas se inscreve como outras tantas no campo da fenomenologia mediúnica, profundamente estudada por Allan Kardec. Considerando a idade em que me encontrava, quando a imaginação da criança está povoada de lendas, símbolos e personagens dos contos e historinhas infantis, é bem possível que tenha associado o espírito à imagem de um dos santos da Igreja ou mesmo Jesus.

Não se deve ignorar também a mediunidade infantil, que não é nada incomum, e que remete os pais à necessidade de buscar orientação no centro espírita, a fim de que a criança não seja diagnosticada como portadora de alguma doença mental ou mesmo estigmatizada. Nem tampouco seja colocada no meio das sessões mediúnicas, mas que tenha sim uma convivência sadia no lar e participe das aulas de Evangelização na casa espírita.

Tenho conversado com educadoras em geral e também com minhas amigas evangelizadoras da casa espírita sobre manifestações mediúnicas na infância e já reuni vários casos. Professoras da escola pública ou particular também já relataram casos de crianças que conversam com um amiguinho "imaginário", mas que não são tão imaginários assim.

É verdade também que essas manifestações podem cessar, especialmente após os 7 anos, para retornar mais tarde, nos 13 ou 14 anos. Ou não mais ocorrerem. Ademais, quando se estuda os primórdios do espiritismo, notamos que os fenômenos dos *raps* na casa dos Fox, no povoado de Hydesville, Rochester, Estado de Nova York – e que mais tarde ganhariam culminância com as mesas girantes na França –, foram protagonizados pelas meninas Margareth e Kate, de 10 e 7 anos, respectivamente. E entre os vários médiuns que colaboraram na codificação contam-se também as meninas Julie e Caroline Boudin, de 14 e 16 anos, respectivamente[20].

Na Convivência, momento de confraternização com os demais membros da comunidade, ouvi o desabafo de uma senhora. Ela disse que mais um dos seus filhos estava se entregando às drogas. Aproximei-me dela, na tentativa de ajudar de alguma forma. Como é difícil para os pais e familiares ver o filho nessa situação. Como sofrem! E acabam ficando de mãos atadas.

---

20 Sugerimos a leitura de *As irmãs Fox*, do médium Jorge Rizzini. E também que assistam ao filme *Kardec – A história por trás do nome*, de Wagner de Assis, que está disponível na plataforma Netflix. **Nota do revisor.**

Não sei se era impressão minha, mas os amigos pareciam estar se afastando de mim. Primeiro foi Moacir. E agora minha melhor amiga. E isso me doeu muito no peito. Não sabia dizer o que estava acontecendo. Eu já não sentia aquelas pessoas como eu sentia antes. Queria não precisar depender dos amigos. Queria ser feliz, sem depender de ninguém e que me bastasse apenas estar com Deus e a Natureza...

CAPÍTULO 22

Crises

13 de abril de 1989

Hoje, logo que cheguei da escola, vi minha irmã usando uma bermuda minha. Nossa! Fiquei irada, pois é roupa de sair. Em casa é assim, eu não tenho um guarda-roupa próprio. As roupas minhas e da minha irmã ficam em um guarda-roupa só, que, segundo minha mãe, é para compartilhar. Bom, vocês devem imaginar o que aconteceu. Foi uma briga só. Minha avó teve que intervir e pedir para ela tirar a bermuda. E aí vieram mais agressões. Ela começou a falar que eu era enorme. Que eu alargava as calças e que, quando eu usava, era só para me mostrar para os garotos. Eu não gosto de ter esse corpo. Eu não queria ter o bumbum enorme; queria ser magra e bonita.

Pois é! Nunca estamos satisfeitos com nosso corpo. Se soubéssemos que é apenas uma casca e que a nossa essência está no que somos, tudo ficaria melhor. Temos que parar de buscar protótipos como *Barbie* ou *Bob*. É importante olhar para o lado. E assim veremos que muitos queriam recuperar a capacidade de locomover-se, sem uso de aparelhos ou cadeira de rodas. Outras estão sonhando com uma cirurgia milagrosa que lhes restitua a faculdade de ver ou de ouvir. E ali estávamos eu e minha irmã nos digladiando por uma bermuda. E eu extremamente chateada por não ter um corpo de modelo.

14 de abril de 1989

Essa semana foi pesada para mim. Tanta decepção comigo mesma. Ando com uma vontade de me matar novamente. Sei que meus motivos são pequenos em comparação com os problemas dos outros, mas a mim parecem tão grandes! Eu não entendo o porquê. Tudo começou quando recebi minha pior nota no boletim: 2,5 em geometria, que é parecido com matemática, eu nunca tirei essa nota, eu não entendo por quê. Estou arrasada, decepcionada, sinceramente nem quando meu pai morreu fiquei assim... Estou com raiva de mim mesma.

Coisa de adolescente, dirão vocês. Mas assim eu era. Leio o que escrevi e fico pensando. Virar a noite para estudar, ou mesmo acordar de madrugada para isso, o cérebro fica tão cansado, que acaba não absorvendo. Hoje eu vejo de uma outra forma: se eu tivesse começado a estudar dias antes, poderia ter me saído melhor. Acabei culpando todo mundo, mas a culpa era minha mesmo.

1º de maio de 1989

O mês do meu aniversário! Nossa! Nem posso esperar. Acabei ganhando da minha mãe duas viagens: uma para o Rio de Janeiro, com a família, e a outra, com a turma do Colégio, para uma ilha em Ubatuba, chamada Ilha das Antas. Esta é uma ilha de pesquisa, não turística.

A data de aniversário é sempre algo muito importante para o nosso ego, especialmente quando estamos carentes de atenção e valorização dos outros. Então, a minha expectativa era sempre altíssima. E o meu estado de espírito já era outro, só por estar entrando no meu mês de aniversário. E mais adiante, vejam o que registrei. Seria mais uma manifestação de vidência?

> *Esta noite estava deitada de barriga para baixo e senti algo estranho. Meu corpo todo começou a tremer, formigar, e eu não conseguia me mexer. Olhei para a frente e vi uma espécie de janela com algumas sombras brancas e um céu azul escuro. Parecia noite. Fiquei morrendo de medo da morte, pois tinha a sensação que ia morrer e comecei a pedir a Deus para que não me deixasse ir. Depois me virei de lado e tudo passou.*

Muitas vezes desejamos a morte, mas falamos da boca para fora. Pois quando ela está a nossa frente, parece que tudo passa pela nossa cabeça. E aí vem o medo do desconhecido, o medo da travessia. Hoje sei que não é mais o fim ou algo desconhecido. Sei que somos espíritos imortais. Apesar de receber as noções sobre eternidade, dentro de outra concepção, foi o espiritismo que me apresentou uma ideia completa da imortalidade. Da mesma forma, aprendi que pensamento é força. Se mentalizamos um projeto, uma ação no bem, já percorremos meio caminho para concretizá-la. Igualmente ocorre quando fixamos uma ideia negativa na cabeça. Essa ideia ganha forma e pode até materializar-se. Cuidado, pois, com as monoideias. Quem só comenta o bem e vigia a boca, evita pensamentos e palavras malsãs. Então, vamos pensar positivo, lutar contra as ideias negativas, sobre morte, violência e outras que nos jogam para baixo. Sei que é difícil, mas a oração é nosso escudo, nossa defesa. Se não conseguir, peça socorro.

CAPÍTULO 23

Nossos filhos não nos pertencem

11 de maio de 1989

A minha primeira viagem chegou. Estou aqui no avião, ponte aérea São Paulo-Rio de Janeiro. É uma emoção só. Vamos zarpar... Boa viagem! A aeronave está se movimentando. Segue para a cabeceira da pista. Acho que faz uns onze anos que não andava de avião. A última vez foi quando voltamos do Estado onde permanecemos morando por três anos. Espero que dê tudo certo. Estou morrendo de medo! Por isso estou registrando. Amo vocês, minhas amigas. Sei que isso tudo é besteira, né? Vai dar tudo certo! Ai, ai. Está começando a andar. Ah...Ah... Eu vou berrar!

Ai, nossa, já estou aqui em cima! E tudo correu bem na decolagem, foi tudo de boa! Está tudo em ordem. Aqui em cima é maravilhoso!

Então vou parar de escrever e aproveitar essa visão maravilhosa. Ops! Me parece que temos um probleminha. Está tendo uma turbulência. O avião não para de dar solavancos. Estou com um pouco de medo. Nossa! Chegamos ao Rio, a cidade maravilhosa!

Gostaram da narrativa? Bem, poderia transcrever aqui as cinco páginas que escrevi sobre nosso passeio no Rio, que na verdade era uma viagem de mamãe, a negócios, que visitava um cliente. Mas só vou transcrever alguns trechos, como esta visita ao Corcovado, praia de Copacabana e Monte Pão de Açúcar.

Depois do almoço fomos ao Corcovado e visitamos o Cristo Redentor, um passeio divino. Comprei um montão de adesivos. Eu coleciono adesivos! Adoro! No bondinho que leva até o alto do Corcovado, tinha gente do mundo inteiro. Depois fomos conhecer a famosa Praia de Copacabana, o calçadão. A praia é mais que linda! É maravilhosa! O mar é esverdeado. Até peguei um pouquinho de areia para colar na minha agenda. No dia seguinte, pela manhã, fomos à Urca, na Praia Vermelha. De lá pegamos um ônibus que nos levaria ao Monte Pão de Açúcar.

Naturalmente, tinha de me acontecer alguma coisa diferente, não é mesmo?

No domingo, um susto. Fomos à Praia de Laranjeiras, onde estávamos hospedados (casa de uns amigos da Igreja) e quase morri afogada. E eu achando que sabia nadar! Essa praia é de tombo. Depois andamos de bondinho, que é um ônibus local, e conhecemos a favela mais famosa da América Latina, a Favela da Rocinha. Nossa! É muito triste ver tanta,

tanta pobreza. Infelizmente, a nossa imagem para os gringos é de pobreza, sujeira e trombadinha[21]*...*

Mas antes de terminar este capítulo quero fazer um parêntese. Ou melhor, darei um novo salto quântico, do passado para este 19 de outubro de 2018. Meu filho mais velho apanhou na rua. Ele foi para uma dessas baladas de virar a noite e, ao tentar apartar a briga de um amigo, ele levou um soco na cara e um chute que estourou o celular. Não é a primeira vez, e vocês não podem nem imaginar a dor que uma mãe sente ao ver seu filho, a quem nos dedicamos, noite após noite, velando seu sono, estar agora na mão de pessoas violentas que não respeitam a vida.

Sei que é difícil entender, mas todos os dias temos de trabalhar isso em nós: diminuir o orgulho e o egoísmo, emanando, em troca, mais amor. A raiva gera um campo magnético pior ainda, que não vai ser resolvido com violência, ódio e rancor. Pessoas que só sabem agir com violência, não merecem nem a nossa raiva.

Se eu pudesse, meu querido filho, recolheria você para dentro da minha barriga, para protegê-lo! Mas você precisa seguir o seu caminho. Não é por acaso que você e todos os demais estão de passagem nesta Terra. Vamos tirar o corpo da horizontalidade da inércia e vamos iniciar a mudança. Agora é a hora! Não deixe passar mais esta oportunidade. Vamos trabalhar o amor, a compaixão e o perdão.[22]

---

21 Esse era o nome dado à época para os batedores de carteira. A tática para o roubo era trombando contra a vítima. **Nota do revisor.**

22 Sugerimos a leitura de *Nossos filhos são espíritos*, de Hermínio C. Miranda, que pode auxiliar os pais na orientação dos filhos, sem a superproteção que é muito comum. Muitas mães mantêm seus filhos numa redoma, como se ainda estivessem guardados na bolsa uterina. E chegam à fase adulta totalmente despreparados e imaturos. Acham que o Sol gira em torno deles. Mas vão ter de encarar a dura realidade. E o golpe será ainda mais duro para os pais. **Nota do revisor.**

CAPÍTULO 24

Nem drogas, nem bebidas

29 de maio de 1989

Hoje, infelizmente, é o dia do meu aniversário. Tinha que ser um dia especial, pois fiz 15 anos, mas está sendo horrível. Está sendo o pior dia da minha vida! Sabe, estou com aquelas ideias de me matar novamente. Não aguento mais! Sinto raiva de mim mesma!

Quando alguém faz aniversário aqui em casa, sou eu que faço tudo. Faço bolo, brigadeiros... Sempre tento fazer do dia um dia especial, mas no meu dia sou eu que tenho que ajudar a minha avó fazer tudo. Legal, não é? Estou decepcionada. Pelo menos minha mãe teve o esforço de comprar o bolo. Que bela coisa! Vou guardar esse dia para o resto da minha vida. O dia da tristeza....

Como podem ver, eu estava mesmo arrasada. Mas no dia 4 de junho seria a festinha do meu aniversário. E para compensar, essa festa foi tão boa que eu não queria que acabasse.

> *Acordei de manhã, fui estudar até umas 4 horas da tarde. Depois fui tentar dormir um pouco para aguentar a noite, mas, claro, não consegui. E como sempre fiquei no meu mundo dos sonhos e fantasia, no meu mundo encantado cheio de amor e principalmente com o lindo cara que gosta de mim.*

Vejam a mudança no meu estado de espírito! Quanto representou para mim aquele carinho. Disse que não me importava com presentes. É verdade. Mas no fundo eu estava radiante com os mimos recebidos.

> ***4 de junho de 1989***
>
> *O presente de que mais gostei foi uma caixinha de música. Sou apaixonada por caixinha de música. Eu sempre quis ter uma caixinha assim. Parece que meu pequeno sonho de criança foi realizado. Até hoje eu gosto e tenho essa caixinha na cabeceira da minha cama. Fazia tempo que não ganhava tanta coisa assim, desde a época das festas que meu pai e minha mãe faziam quando eu era criança. Eu queria que esse dia não acabasse, mas passou, e muito rápido. Nem sei expressar o que eu sinto.*

Mas bastou uma semana para voltar ao estado anterior, de pessimismo e dor. Queria voltar à infância. Olha aí a síndrome de Peter Pan, de novo. Queria retomar aqueles dias, em que somos paparicados pelos pais. Sentia uma falta imensa de papai, porque sua ausência era um vazio muito grande em meu peito.

13 de junho de 1989

Queria voltar a ser criança, quando tinha meu pai comigo. Sem amigos, sem pai, sem ninguém... Eu poderia me drogar, não é o que todos os jovens fazem na minha idade quando têm problemas ou quando não têm? Mas isso não é para mim, e espero nunca chegar nesse ponto. Sei que para muitos a droga, o cigarro ou a bebida acabam servindo de fuga, mas é uma viagem sem volta. Sei que não é fácil, pois uma vez entrando nesse labirinto, tudo se torna mais difícil. A sensação durante o efeito da droga é ilusória, pois o depois vem como uma bomba.

CAPÍTULO 25

Suicídio? Jamais

13 de maio de 1989

Poderia me matar. Mas aí eu me pergunto: o que vem depois? Sei que não será meu fim. Sei também que, se aqui não está bom, imagina se interromper minha vida. Aí sim é que vou para um verdadeiro inferno. Não é uma boa opção. Nem quero conhecer o inferno Se aqui está ruim, com certeza lá vai ser pior.

De novo estava eu com ideias suicidas. Nessas horas, pelo sim, pelo não, todo cuidado é pouco. Pais, tutores, familiares, parentes, amigos! Todos devem estar atentos. Nesses gestos, atitudes, comportamento arredio, desinteresse pela vida... São mensagens de socorro. O suicida potencial está mandando sinais. Às vezes só quer chamar a atenção. E nessa tentativa, pode acabar consumando o ato.

Não temos como alterar o curso de uma ação, depois que já foi tomada. O sofrimento que espera o suicida além-túmulo é um efeito drástico. É uma transgressão grave às leis de Deus. E o resultado é aquilo que o espiritismo mostra muito bem.

Em *O Céu e o Inferno*, Allan Kardec trouxe uma coletânea de mensagens de espíritos narrando, cada qual, sua entrada no mundo invisível. Temos ali depoimentos bem variados: alguns relatam o estado feliz em que se encontram; outros relatam seu estado infeliz, de dor e arrependimento. O estado dos suicidas é o mais lamentável. Revivem a cada instante, com amargura, a lembrança do ato infeliz. Deus estaria punindo o suicida? Não. Mas Suas leis são justas. Quando transgredimos uma lei de trânsito não somos obrigados a responder pela infração? Assim também são as leis que regem o mundo moral.

Peço licença para narrar um episódio triste que experimentei no colégio. Na aula de química, o professor tentava explicar, numa equação, como balancear as moléculas de determinados elementos para se chegar a determinado resultado. Era uma operação difícil. Nem todos haviam entendido o raciocínio, mas poucos tiveram a coragem de levantar a mão e dizer que ainda tinham dúvidas. Um colega, que os demais tachavam de "lerdo" ou outros termos pouco lisonjeiros, levantou a mão e fez um comentário bem razoável, que era mesmo uma dúvida geral, de toda a classe. Em vez de respeitar o colega, a turma preferiu zombar. Eu vi que ele ficou envergonhado, ruborizado. No outro dia, veio um bilhete da família, no qual a mãe dizia, com tristeza, que o filho havia cometido suicídio.

Vamos dizer mais sobre as consequências danosas provocadas pelo suicídio. Se lesamos uma região sensível do cérebro, com uma bala ou atirando-se de uma altura, estaremos lesando também o tecido perispiritual na mesma região afetada. O perispírito[23] conservará a marca, a sequela, e esta será levada ao novo corpo, na existência seguinte, de reparação. E enquanto não volta à carne, o

---

23 Perispírito – o termo foi cunhado por Allan Kardec para designar o envoltório fluídico, corpo semimaterial e intermediário entre o espírito e o corpo físico. **Nota do revisor.**

suicida padece, no espaço, o arrependimento pelo ato praticado, podendo permanecer assim por todo o período que deveria estar no corpo

Parece cruel. Mas corresponde a uma falta grave, que deverá ser reparada. Como? Vivendo uma nova existência. Naturalmente, a Misericórdia Divina levará em conta os atenuantes em favor do suicida, porque só Deus poderá devassar o íntimo do infrator, conhecendo as reais intenções que o levaram a tomar aquela atitude. Há também o suicídio cometido em momento de depressão profunda, dor e desespero. E Deus leva em conta todos esses fatores.

A morte é um fenômeno biológico e certo. Nasceu, morreu. Nesse processo, rompe-se o laço, o cordão fluídico, que liga o espírito ao corpo. Esse rompimento pode ser abrupto, como ocorre nas mortes violentas; mas pode ser lento e gradual, como se dá com aqueles que desencarnam na velhice ou após longo processo de enfermidade.

Importante saber que entre o corpo e o espírito há um corpo intermediário, semimaterial, a que Allan Kardec denominou perispírito (já comentado algumas vezes). Numa comparação grosseira, tomemos uma fruta. A casca é o corpo; em seguida, o pericarpo, que seria o perispírito, e, por fim, a fruta propriamente dita, ou espírito. Ao desencarnar, perdemos o corpo físico, mas conservamos o perispírito, que é uma espécie de envoltório do espírito.

No suicídio, o rompimento desse laço fluídico dá-se de forma radical, abrupta. E o espírito é como que lançado para fora do corpo, como o amendoim salta da casca. O espírito fica aturdido, abalado e confuso. E levará longo tempo para compreender esse estado de perturbação, em que muita das vezes revive as sensações físicas do ato violento. E mais tarde sofrerá ainda o arrependimento, seguido do remorso, em que irá expiar a falta. A reparação do erro, que é o terceiro passo, só virá numa nova existência, a fim de redimir-se por inteiro.

Esse conceito de perispírito é importante e merece ser estudado mais. Quem leu aqueles gibis do Gasparzinho? Não são do meu tempo. Mas o pessoal que lia *Mandrake, O Fantasma, Pato Donald*... vai lembrar. Gasparzinho era o fantasma (de uma criança, imagino). Passava por debaixo da porta, pelas frestas da janela, fazia graças e também boas ações. Ao criar esse personagem, os dois autores deviam estar intuindo um pouco da vida de espírito que todos nós somos.[24]

Vou tentar ilustrar aqui a ideia dos três corpos: físico (corpo), semimaterial (perispírito) e imaterial (espírito): Se cortamos brutalmente esse cordãozinho, entre o perispírito e o corpo, a coisa fica complicada. É como apanhar uma manga verde da árvore. Não estava na hora. Havia ainda muito vigor (fluido vital) na fruta. Da mesma forma, cada ser tem uma cota de fluido vital. E quando se extingue esse fluido, dá-se a morte. A vida biológica cessa. Como a vela que se apaga, quando totalmente consumida.

---

24 Gasparzinho, o fantasma camarada. Criado em 1939 por Seymour Reit e Joe Oriolo. **Nota do revisor**

CAPÍTULO 26

Louca, eu?

12 de junho de 1989

Até no amor não tenho sorte. Mas não posso perder as esperanças, né? Espero que um dia encontre alguém que me ame de verdade. Realmente acho que é por isso que vivo no meu mundo dos sonhos, pois nos meus sonhos todos são perfeitos. Tem sempre alguém gostando de mim. Um amor perfeito!

Não encontrei esse amor perfeito porque não existe pessoa perfeita. Todos nós temos nossas falhas, e os amores, os amigos, falham. Então, conselho que lhe dou é: não espere que o outro lhe faça feliz. Não ponha nas costas do seu companheiro, dos seus amigos, a responsabilidade de fazê-lo feliz, porque esse mundo é de desafios. Tudo depende da forma pela qual você vai superar esses desafios: lamentando-se, eternamente, ou controlando os altos e baixos, aceitando o que não pode mudar, mas evitando aquilo que pode ser evitado. Não é um ato de sabedoria?

Aí vou eu de novo, na minha gangorra. Ora lá em cima, ora aqui embaixo.

> *No domingo os membros da Comunidade, a qual participo, reuniram-se num evento que chamamos Convivência. Foi um dos mais lindos que já tive. Pela manhã, houve a leitura das palavras da Bíblia. A palavra que mais me marcou foi a do aleijado. Vejam, amigos, qual foi a interpretação que fiz dessa passagem do Evangelho.*

Segue a minha narrativa ao sabor da emoção de uma menina de 15 anos.

> *Um aleijado foi pedir esmola para Pedro e Paulo. E eles, em vez de esmola, curaram-no da deficiência física. O catequista explicou essa palavra de seguinte forma: os aleijados somos nós, que ficamos mendigando o amor dos outros (amigos, namorados, maridos, pai, mãe) ou mesmo coisas (saídas frenéticas, bebidas, drogas, cigarros, dinheiro, poder, ter, ser), e esquecemos de pedir o que realmente precisamos. Isto é, aquilo que realmente nos completa. Sim, os mendigos somos nós, que levantamos os olhos na direção daquele que quer nos tirar da miséria; aquele que quer nos levantar e deseja que caminhemos com Ele. Deus quer nos erguer para a vida! Deus quer nos tirar da lama.*

Comparando com a minha vida, penso que sou esse aleijado, da parábola. Vivo reclamando de tudo, e não percebo que meu problema em comparação ao das outras pessoas é um grão de areia. Mas acho que vocês também fazem isso, não fazem? Normalmente faço uma tempestade em copo d'água. A vida me ensina levantar e caminhar com as minhas próprias pernas e louvar a Deus, pois só Ele me faz viver sem as esmolas das pessoas.

Depois tive a catequese. E o texto dizia que não tenho o direito de tirar o cisco do olho do meu irmão, sem antes tirar a trava do meu olho. Marcante. Foi mais ou menos isso. Bem, aí comecei a me lembrar de como falo mal do Leandro (colega da escola que sempre encrencava comigo), brigo muito com ele e, pior, como eu fiz a cabeça das minhas colegas contra ele. Elas também o detestam. Poxa! Como me arrependo. Se arrependimento matasse, já estava morta! Vou lutar para não mais falar mal de ninguém, nem influenciar ninguém. Quando cheguei em casa liguei para o Moacir, mas não vou falar mal dele. Porém, sinto que a nossa amizade está acabando mesmo. Mas valeu enquanto durou.

12 de julho de 1989

Uuuuh! Já estou de férias! E essa é a melhor novidade que posso contar. Mas tenho mais coisas: uma delas é que escrevi mais uma carta para os Estados Unidos, agora é para o River Phoenix, um ator muito gato, loiro, de olhos azuis, de 18 anos, vegetariano e até não usa couro em defesa da Natureza! O que mais quero? Ele é perfeito!!! Escrevi para ele não me colocando como uma fã, mas pedindo ajuda para conter o desmatamento do nosso Brasil.

Estou aqui no meu quarto imaginando se o River Phoenix leu minha carta. Eu duvido, pois imagine quantas cartas ele recebe! Sou mesmo uma pessoa idiota. Fantasio demais.

Vejam só! No capítulo anterior, "não existe pessoa perfeita". Agora, River Phoenix é perfeito. Claro, claro. Eu entendo. Mas vamos ver mais o que escrevi na sequência, depois de quase 20 dias no Litoral...

Hoje minha mãe voltou para a Capital e nós ficamos na praia. Quando ligamos, ficamos sabendo que a fábrica tinha sido assaltada (outro assalto). Além disso, meu tio se encontrava em estado grave no hospital. Ele é primo da minha mãe e se chama Rodrigo. No ano passado, ele perdeu sua mãe, inválida, e sua esposa logo em seguida. Ele sempre foi meio estranho. Mas apesar de tudo gostava dele. Se pudesse, eu iria dizer para ele que tudo passa. Até o sofrimento físico, e que um dia seremos recompensados.

Duas notícias amargas. Principalmente a segunda, sobre a hospitalização de meu tio Rodrigo. Eu senti profundamente. E orava todos os dias por sua recuperação. Mas não teve jeito, no final daquele mês de julho ele retornava à Pátria espiritual.

30 de julho de 1989

Meu tio faleceu. Era filho de uma tia minha que ficou mais de nove anos na cama. Lembro-me que nas suas últimas horas, ela me chamou. Como sua casa ficava a dois quarteirões da minha, saí correndo assim que soube, mas não deu tempo. Fui a primeira a vê-la morta. Seu corpo sem movimento me chocou um pouco. Foi horrível. E logo depois a nora, que cuidava dela, veio a falecer e, agora, meu tio Rodrigo. Não consegui mais ir a sua casa depois da morte da mãe do meu tio. Por isso acho que estou morrendo de remorso; gostaria de tê-lo visto pela última vez.

A morte sempre esteve envolvida num manto tétrico. Talvez por conta de todo o ritual de passagem que a envolve, o aspecto lúgubre dos funerais e também pelas histórias de horror em torno da morte. A visão espírita apresenta uma perspectiva mais otimista, porque mostra a realidade da vida além-túmulo, onde aquele, tomado como morto, está de fato entrando na verdadeira vida, retomando toda a plenitude de sua consciência.

Mas estávamos entrando no mês de agosto, que, segundo a lenda, é o mês de cachorro louco. Em uma das brigas com mamãe, ela me chamou de louca.

1º de agosto de 1989

Minha mãe fala que eu sou louca. Acho que sou louca! Mas as pessoas confundem felicidade com loucura. Às vezes me exponho demais e, por ser diferente, acabo sendo considerada como maluca.

Hoje, refletindo sobre os textos do Evangelho, lembro que Jesus deplorou qualquer ato de violência contra um irmão nosso. Nem mesmo por palavras: "Mas eu digo a vocês que qualquer que se irar contra seu irmão estará sujeito a julgamento. Também, qualquer que disser a seu irmão - *raca!* - será levado ao tribunal. E qualquer que disser 'Louco!' corre o risco de ir para o fogo do inferno.[25]

Vejam que sofri algo semelhante.

É difícil colocar no papel a forma com que eles falam; mas se não fosse chato, seria engraçado. Só queria mostrar para o mundo o que a vida pode nos dar, e que ela é um presente, mas que também pode nos ser tirada a qualquer instante. Por isso precisamos ficar alertas. Queria poder dizer ao mundo: Basta! Pensem antes de fazer! Não façam com os outros o que vocês não gostariam que fizessem com vocês! Mas eu

25 Para manifestar desprezo, os judeus exclamavam *Raca!* E, ao fazê-lo, viravam o rosto, cuspindo no chão. **Nota do revisor.**

não consigo; eu não posso. Por isso tenho esperança no livro, neste diário que escrevo, e que um dia poderei publicá-lo.

12 de setembro de 1989

Hoje faz um mês que minha mãe não fala comigo direito. Parece que é pouco; mas para mim é uma eternidade. Estou péssima, não aguento mais! Tenho vontade realmente de me matar, mas não consigo, não tenho coragem. Parece que todos estão contra mim, parece que todos dizem que não faço nada certo. Me sinto um nada. Talvez eu esteja errada em algumas partes, ou então eu sou meio burrinha mesmo. Mas eu tento ser uma pessoa melhor. Na escola, como eu disse, eu tento prestar atenção, eu me esforço a cada dia. Deus sabe o quanto tento melhorar! Sinto falta do meu pai; sinto tudo rodando ao meu redor.

Sinto uma dor a cada amizade que se vai. O cara a quem escrevi a carta, o River Phoenix, pois é! Hoje soube que ele é casado. Isso é horrível. Agora que eu não tenho mesmo esperança. Lá vai! Esperança com um ator de cinema americano! Nem vou comentar.

Temos de fazer uma autoanálise, sim, mas sem nos martirizar. Você errou? Reconhecer o erro já é um grande caminho andado. Mas não devemos nos acomodar. Devemos sim tentar melhorar sempre. Não deu hoje? Amanhã é um novo dia. O importante é recomeçar e não desistir de fazer a coisa certa.

CAPÍTULO 27

Paixão adolescente

3 de outubro de 1989

Mas, enfim, estamos em outubro. Este final de semana foi bem gostoso. Eu que achava que ninguém da minha classe fosse muito com a minha cara, fui convidada a participar de um grupo para uma gincana que a escola montou para o Ensino Médio. Foi uma surpresa para mim, e foi para lá de gostoso. Nós nos divertimos muito. Nossa equipe tinha até camiseta. E conseguimos ganhar o quarto lugar. O nome da equipe era Splash100Splish, mas sinceramente nem me importei em ganhar ou perder. O que valeu a pena foi essa farra e alegria de todos. A gincana ocorreu no dia 30 de setembro, comemorando a entrada da primavera. Acho que veio bem a calhar.

Que bom ler estas linhas. Ao menos uns instantes de alegria. E como andavam as coisas do coração? Parece que me apaixonei. Vejam o que escrevi sobre o amor.

Estou apaixonada pelo Ivan. Aquele que tentou ficar comigo e eu lhe dei o fora, e que agora está me esnobando de propósito.

Olhando aqui de cima dos meus 46 anos, acho que da minha parte foi mais orgulho ferido. Ou aquele lance de dar valor quando perde. À época me apaixonava fácil. Mas amor mesmo, àquela época, eu nem sabia o que era. Eu estava gostando do rapaz, mas, ao mesmo tempo, temia acabar levando a pior. Como eu poderia levar avante algum relacionamento afetivo agindo dessa maneira? Talvez fosse exigente demais e muito crítica. Olhem o que escrevi na sequência:

Ele é calculista, frio, totalmente insensível. Só pelo papo já dá para saber. Será que sou masoquista? Mas eu acho legal me apaixonar, lutar para conquistar. Mesmo que eu leve um fora, pois sei que, caindo, eu me levanto e assim vou aprendendo.

Pobre menina! Eu estava sempre projetando um final ruim para mim. Com esse pessimismo, nada podia dar certo. E para variar, vinha mais uma briga com mamãe. E estava eu de novo, na fossa, me sentindo culpada. Além disso, a situação financeira da fábrica piorava ainda mais. O fiscal veio cobrar a dívida. E se não pagássemos, minha mãe poderia ser presa, pois a empresa estava no nome dela. Vocês não têm noção do que eu passei! Num país corrupto como o nosso, ver uma cidadã honesta, como minha mãe, tendo de responder juridicamente por crimes de outros. Não dava para aceitar! Minha mãe não se negava a pagar a dívida. Ela recolhia os impostos e fazia o melhor que podia. Enquanto ela tinha de responder por um processo desse tipo, os políticos corruptos estavam se livrando dos seus crimes e soltos!

CAPÍTULO 28

Mania de levar vantagem

17 de novembro de 1989

Vou começar a contar sobre uma Convivência de Salmistas. Na comunidade da qual participávamos, os salmistas eram aqueles que, a exemplo do Rei Davi, juntava orações aos cânticos, enquanto soava a sua harpa. Eu era um dos salmistas. Cantava e me acompanhava ao violão. Bem, voltando, foram em torno de 600 violões. Você tem noção do quanto foi lindo?!! Todas as vozes em perfeita harmonia e sintonia. Não sei descrever a felicidade que me tomou. Isso é maravilhoso! Nesse encontro, os jovens eram maioria. Conheci gente de várias cidades.

Hoje vejo o quanto a vivência religiosa me fez bem. Nesse tempinho eu já estava me entendendo de novo com a minha mãe. Graças a Deus! Por isso, não posso deixar de passar valores éticos e religiosos aos meus filhos, além, é claro, de dar bons exemplos de conduta. Um deles, como já disse, é avesso a qualquer religião e se diz ateu. Mesmo assim, não perco uma oportunidade sequer para falar de uma ação nobre que alguém faça. Todo momento me reporto a uma passagem do Evangelho e exalto o culto às virtudes, como a caridade, a paciência, o perdão das ofensas.

Não consegui implantar ainda o Evangelho no Lar com todos de casa, acabo fazendo sozinha e em voz alta leio a passagem e reflito sobre ela.

O Evangelho no lar é o hábito de reunir o grupo familiar ao menos uma vez na semana para refletir em torno de uma página do Evangelho e para orar juntos. Família que ora unida, permanece unida. Não é isso? Mas não desisti de tentar. Um dia, quem sabe?

27 de novembro de 1989

Minha classe é insuportável. Não aguento ver tanta falsidade. Um dia desses estava chorando, depois de receber uma nota de uma prova, e sem saber o motivo começaram a me julgar. Que era devido à nota. Mas ninguém sabe o que realmente se passa dentro de mim. A prova foi apenas a gota d´água. Se eu contasse para aqueles bandos de filhinhos de papai o problema que estamos enfrentando em casa, por conta da auditoria na fábrica, eles ficariam de boca aberta. Isso mesmo. Minha mãe esteve a ponto de ser presa.

Vou explicar! Àquela época algumas práticas de sonegação de impostos eram "normais", ou seja, bastante usadas. Meu pai cometeu algumas dessas práticas e comprometeu a empresa. Afinal, o Brasil vivia aquela febre de uma propaganda de cigarros que dizia "Leve vantagem você também". O anúncio publicitário acabou passando um conceito errado, negativo, de que na vida era preciso levar vantagem em tudo. Isso chegou em todos os níveis da vida social e também no mundo dos negócios. O chamado "caixa dois" era praticado nas empresas, das grandes até as pequenas. Ora! Se todos fazem, por que eu não devo fazer também? Era o que se passava na cabeça das pessoas. E meu pai deve ter entrado nessa onda. Sabe-se lá se isso não desencadeou o câncer que o levou!

> ***1º de dezembro de 1989***
>
> *Sei que muitas vezes uso uma máscara para esconder a tristeza, a solidão e a vida que só eu e Deus sabemos. Tive de dar um salto na minha vida e virar adulta. Como queria voltar no tempo em que meu pai estava comigo. Fora isso, tivemos que vender o carro para pagar uma multa da fábrica Agora estamos sem carro. Nossa! Não sei o que farei se ficar sem ir para praia!*

De novo, o desejo de voltar à infância e mesmo à pré-adolescência. Novamente a síndrome de Peter Pan. Mas, eu tinha de encarar a realidade. Os problemas. E não tinha estrutura. Não queria também admitir que meu pai havia cometido erros. Por isso, diante de meus filhos, evito dourar a pílula e dizer que vivemos num mundo cor de rosa. Não. Sempre que estão lidando com uma situação em que há valores éticos envolvidos eu chamo a atenção deles.

Se na escola encontram um objeto que não lhes pertence, exijo que procurem a Secretaria ou a Diretoria para que a perda seja comunicada e que o objeto possa ser restituído ao seu dono. E se algum deles vem com aquele argumento, já bem batido, de que "todo mundo faz, por que eu não posso fazer também?", eu logo respondo: "Se todos se jogarem da ponte, você se jogará também?"

Ademais, toda ação tem uma reação – de novo a lei de causa e efeito. E no caso da fábrica, as consequências teriam de vir, cedo ou mais tarde. E neste caso, a "bomba" estourou nas mãos de mamãe, pois a fábrica estava no nome dela e, com isso, teve de responder judicialmente e por pouco não acabou presa.

Dirão alguns: mas que lei é essa em que o resultado da ação recai sobre a família, em vez de cair sobre o responsável, no caso meu pai? Tenham certeza de que, de alguma forma, todos éramos seus cúmplices. Também "tínhamos dívida no Cartório" e estávamos comprometidos, senão em atos desta vida, mas em outra. Ademais, até quando iríamos viver naquele *dolce far niente,* somente ocupados com frivolidades? E quem diz que meu pai, mesmo desencarnado, não sofreu pelo que fez?

Existe injustiça, mas não existe injustiçados.

CAPÍTULO 29

Natal

26 de dezembro de 1989

Mais um Natal se passou e foi o pior que já vivi. Como estamos sem dinheiro, não íamos ter ceia de Natal. Mas fiz um bolo de chocolate com brigadeiro. Eu, meu irmão e minha irmã juntamos o dinheiro que minha mãe tinha dado de Natal e compramos algumas castanhas, um sapatinho para minha vó e uma fita cassete para minha mãe. Mas meus planos não deram certo, para variar. Acho que tudo se deu dessa maneira porque eu mesma estava de mau humor. Como ando meio respondona, minha mãe estava chateada comigo também.

Lembro-me bem desse Natal. Eu vinha realmente muito nervosa. De pavio curto, como se diz na gíria. Na sexta-feira queria ir ao centro de Praia Grande. E como o carro não estava bom (carro que meu tio, aquele mesmo que faleceu, tinha dado para nós), eu fiquei de bico. Mas não era com mamãe e sim com a situação. Com isso levei o maior sermão na celebração de Natal.

Ah... O Natal! Talvez essa seja a data mais importante da Cristandade. E, no entanto, esta sociedade de consumo transformou-a num evento de marketing. As crianças esperam um presente do Papai Noel. Os pais fazem um esforço para satisfazer o pedido delas. E muitos nem podem comprar uma ceia. De outro lado, os adultos, via de regra, procuram encher a geladeira de cervejas e forrar a mesa com assados de frango, porco, peru.

Ah! Se todo Natal fosse como esse que programamos com a família do caseiro. Uma família humilde e muito unida. Uma ceia frugal, leve, e um momento de oração. Isso era tudo o que eu queria.

Outro fato que me deixou de pá virada foi que de sexta para sábado tive um sonho horroroso com o demônio. Sonhei que ele era Jesus e que minha família estava indo para um culto ao demônio, subindo por um elevador. E este começou a despencar. Eu berrava, falava para todos se segurarem no teto para não sofrer o impacto. Mas ninguém se movia. Estava aflita, pois pensava que todos iam morrer. Depois, de uma hora para outra, o elevador se transformou em um vagão de trem descarrilado e mais uma vez eu berrava para todos pularem. E ninguém obedecia!

Na Celebração, eu levei um sermão. Pelo menos, as palavras pareciam que eram dirigidas a mim. E minha mãe reforçou o que o sacerdote dissera, lembrando que o Natal deve ser celebrado todos os dias e que deveríamos aprender a amar e a perdoar nossos irmãos. Mas por que não consagrar um dia para o Natal? Notem que ao se aproximar o 25 de dezembro a psicosfera no Planeta vai ficando diferente. O espírito de solidariedade e fraternidade ganha força e todos entramos num clima de paz. Não é mesmo? Pena que estamos perdendo o verdadeiro sentido do Natal, que é recordar a vinda de Jesus à Terra e exaltar a grandeza de sua missão. Missão que ele cumpriu com todo o amor que devota à humanidade.

> *Mas, nesse Natal, pensei que seria diferente; simples, mas alegre, com Deus. Já em casa (praia) comecei a chorar sem parar. Fui para o jardim, deitei-me no chão e comecei a olhar as estrelas. Sentia-me só e desejava a morte. Estava longe, pensando que minha mãe não tinha culpa e que ela estava passando por muitos problemas na fábrica. Ela era dona de casa e teve que assumir uma empresa, e nem sabia de nada. Agora essa falta de dinheiro! E eu por outro lado estava muito respondona. No meu íntimo sinto que sei de tanta coisa, mas que* ***me foi apagado*** *muito levemente.*

Esse "me foi apagado" merece um comentário. Todos nós carregamos a carga das vidas anteriores. Mas devemos dar graças a Deus por haver sido lançado esse véu sobre nosso passado. Imagina quão constrangedor seria viver sob o peso da lembrança de nossas faltas. Ainda mais se entre os prejudicados estão alguns dos nossos entes queridos de hoje!

CAPÍTULO 30

Mortes prematuras

3 de janeiro de 1990

Ano novo! E vamos fechando mais uma década. Espero que este ano possamos enfrentar os problemas com fé, determinação e alegria, pois sabemos que os problemas não acabam de uma hora para outra. E se enfrentarmos os problemas com esperança, confiança e otimismo, a carga fica mais leve. Minha irmã falou que não teríamos mais grana nem para ir à praia. Se isso acontecer, terei de estudar à noite em uma escola pública e trabalhar de dia.

O início de um novo ano sempre renova nossas esperanças. As pessoas vestem branco, para celebrar o Dia da Paz Universal, estouram champanhe e fazem planos e promessas. "Neste ano farei tal curso", diz um. Outro planeja mudar de emprego, noivar ou casar... Coisas do tipo. Tem aquele outro que promete retomar aquela dieta tantas vezes interrompida. Enfim, fazemos muitos projetos. E desses projetos, muitos ficam engavetados.

Imaginem os planos de ano novo de uma família que, já em janeiro, vê as chuvas arrastarem todos os móveis e a casa ruir inteira, por força das enchentes? E que dizer desta família paulistana que teve de enfrentar a morte de um filho? Pois foi isso. Estávamos na praia, gozando férias, quando fomos surpreendidos com uma nota triste.

> ***21 de janeiro de 1990***
>
> *Neste sábado um jovem morreu afogado numa praia mais à frente da nossa. Nossa! Já era triste saber que uma vida fora interrompida aos 16 anos. Pior ainda quando o fato se dá próximo da gente. Nem sei dizer o que estou sentindo. Estou chocada. Imagina o golpe que isso representou para os pais desse garoto! Perder um filho desse jeito, assim, de repente. Que dor deve ser!*

É difícil entender ou aceitar esse tipo de morte, quando vemos a fatalidade ceifando a vida de um jovem. Lamentar é um direito e muito justas são as lágrimas dos pais, familiares e amigos. No entanto, um olhar para a eternidade, pela perspectiva da pluralidade das nossas existências poderá ajudar nesses momentos de angústia e sofrimento.

A dor é insana, posso imaginar. Mas se posso dar uma palavra de consolo a esses pais, digo que nossos entes queridos, que partiram antes de nós, não estão mortos[26]. Em geral, essas mortes, que consideramos prematuras, podem estar ocorrendo no tempo programado pela Providência. Bebês que deixam este mundo antes mesmo de terem começado a andar; crianças e jovens que

---

26 Há um opúsculo chamado *Não morreram; partiram antes*, da professora Therezinha Oliveira. Vale a pena ler. É um bálsamo para os corações enlutados numa perda como a relatada. **N.R.**

desencarnam ainda nos verdes anos, todos podem estar simplesmente completando períodos de vida pendentes, que a atual existência veio completar. De outra forma, podem representar uma prova para os pais, tirando-os da incredulidade e trazendo-os para mais perto de Deus. Mas o maior conforto é saber que um dia poderão se encontrar. Porque a vida continua.

Naqueles anos 80, embora eu fosse muito jovem e estivesse integrada às práticas da religião a qual frequentava, recordo de comentários acerca do médium Chico Xavier, que era visitado por muitas mães chorosas, enlutadas pela perda de seus filhos. Não me lembro de ninguém em casa fazer menção à tarefa realizada por Chico Xavier, o que lamento muito. Hoje, consultando a imensa obra literária de Chico Xavier, vejo que as centenas de cartas que jovens desencarnados dirigiram a seus entes queridos, através de sua mediunidade, deram origem a vários livros de conforto moral e consolação. Chico dizia que era apenas um "carteiro". E de nossa parte podemos acrescentar que foi de fato um carteiro de Deus.[27]

O choque sofrido, ao facear a morte de um jovem, fez-me refletir mais sobre a efemeridade de nossa existência neste planeta. Mesmo para aqueles que experimentam uma vida provecta, ultrapassando mais de 80 anos, ainda assim esse será um período ínfimo, quando comparamos com a eternidade.

Fez-me pensar também em vovó, que já estava entrando na decrepitude.

11 de fevereiro de 1990

Faltam quatro dias para o Carnaval. Acho que este vai ser o pior da minha vida. Minha vó não anda se sentindo bem. No sábado, chamamos o médico e foi diagnosticado água no pulmão. O doutor passou alguns medicamentos e ela ficou em

---

27 *Jovens no Além,* ou ainda *Viajaram mais cedo, Somos seis, Cartas de uma morta* são algumas das obras que vieram pela psicografia de Chico Xavier. **N.R.**

observação. Na segunda-feira, porém, tudo piorou. Minha avó teve uma crise. Ao chegar ao hospital, ela logo entrou no soro e no tubo de oxigênio.

Foi mesmo um susto, recordo agora. E lembre-se, leitor amigo, que à época ainda não contávamos com os celulares *smartphones*, que nos permitem comunicação em tempo real. Dois dias depois, vovó estava melhorzinha e voltou para casa.

CAPÍTULO 31

Cinzas do carnaval

6 de março de 1990

Estou aqui na sala de aula escrevendo neste diário, que está servindo como agenda. Aliás, não tenho dinheiro para comprar uma nova. A vida realmente é uma loucura. Nossa família entrou em falência. Parece brincadeira ou mesmo um filme. Estou vendo a manchete na minha frente: "Família perde tudo". Pois é isso o que aconteceu conosco. A fábrica da minha mãe faliu. Não há mais nada a fazer. Estamos com uma dívida enorme no IAPS e no Inamps[28]*; no Banco estamos negativos. Não sei não.*

O dia a dia de muitos, ou mesmo de você, leitor, já é essa luta. E sei que não é fácil. Mas o que te derruba hoje, amanhã te fortalece.

28 À época esses eram os nomes dos órgãos da Previdência Social. Quando o empregador deixa de recolher as quotas previdenciárias dos empregados e outros benefícios, então vêm as cobranças. **N.R.**

Vejo que minha vida era mesmo feita de altos e baixos. Uma montanha russa. Mas agora me chamou atenção a frase que está escrita nas bordas do diário: *"A maior recompensa do nosso trabalho não é o que obtemos com ele, e sim o que nos tornamos com ele"*.

Naturalmente esse foi um período muito difícil. E devo exaltar a força de mamãe. Ela estava cumprindo o papel de mãe e também de pai, sustentando uma família de cinco pessoas e tocando uma empresa sem experiência nenhuma. Hoje tiro o chapéu para ela. Minha mãe, uma guerreira, uma vitoriosa.

Quando jovem, muitas vezes achamos que sabemos tudo e que temos o domínio de toda a situação, e que nossos pais não sabem de nada. Alguns pais realmente não conseguem administrar essa linda tarefa, mas a maioria tenta fazer o seu melhor, e isso nós só entendemos quando viramos pais. Aí analisamos que em muitos momentos as atitudes de nossos pais não eram tão erradas assim. Como na música "Você diz que seus pais não te entendem, mas você não entende seus pais, você culpa seus pais por tudo".

Mas, depois das cinzas do carnaval, março chegou com algumas alegrias para mim. Enfim, começaria a namorar.

20 de março de 1990

Nossa!! Tanta coisa aconteceu em tão pouco tempo! Uma das coisas é: ARRANJEI UM NAMORADO! Outra é que o Brasil mudou totalmente o seu modelo econômico. O novo presidente[29] *está tomando algumas medidas que nos deixam esperançosos. Temos que acreditar, afinal, está na hora de alguém fazer alguma coisa.*[30] *Quanto ao namorado, seu nome é Paulo, aquele amigo do meu amigo de praia que, por coincidência, mora perto de mim. Mas acho que*

29 Em janeiro de 1990, com a volta do país ao regime democrático, Fernando Collor de Mello assume a cadeira de presidente da República. Desde Jânio Quadros, o povo brasileiro não sabia o que era uma eleição direta para presidente. **N.R.**

30 Mal sabíamos o que viria pela frente! **Nota da autora.**

ele está levando mais a sério do que eu. Dá para entender esta menina?

Realmente, era para soltar rojões. Mas vejamos o que escrevi na sequência.

Quanto aos negócios da família, graças a Deus apareceu um comprador para a fábrica. Um concorrente quer comprá-la. Ele assumirá toda a dívida. Olha! E as pessoas ainda não acreditam na Providência Divina! Do nada aparece um homem batendo à porta. Um comprador! Só Deus mesmo para dar esse presente.

Realmente, nessas horas lembramos da passagem do Evangelho em que Jesus fala aos discípulos que eles deveriam ter mais fé. "Se tiverdes fé, ainda que pequenina como um grão de mostarda, direis a este monte: passai daqui para acolá. E tal sucederá".

3 de abril de 1990

Minha mãe finalmente conseguiu vender a fábrica com dívida e tudo[31]. Não tenho palavras para descrever ou mesmo dizer o porquê que outra empresa comprou com todos as dívidas. Pois, humanamente falando, era impossível; mas para Deus nada é impossível. Tudo vem no seu tempo. Tem a hora de plantar, tem a hora de colher.

Sejam quais forem as circunstâncias, devemos recorrer à oração sempre que fraquejamos e as forças nos faltam. A prece é um recurso maravilhoso, que está à mão de toda criatura. Basta elevar o pensamento a Deus, pedir com sinceridade, deixando que as palavras saiam do coração.

---

31 E foi num 3 de abril que minha linda filha nasceu. O nome dela foi dado em homenagem a minha vó. **Nota da autora.**

Olha só a bela instrução contida em *O Livro dos Espíritos*:

> A prece traz para junto de vós os espíritos bons e, dando-vos estes a força de suportá-las corajosamente, menos rudes elas vos parecem. Dissemos que a prece nunca é inútil se a prece é feita do modo correto. Porque a prece fortalece aquele que ora, o que já constitui grande resultado.

E segue também a mensagem de Santo Agostinho, de 1861, contida em *O Evangelho segundo o Espiritismo*.

> Se soubésseis como a fé beneficia o coração, e leva a alma ao arrependimento e à prece! A prece. Ah, como são tocantes as palavras que se desprendem dos lábios na hora da prece! Porque a prece é o orvalho divino, que suaviza o excessivo calor das paixões. Filha dileta da fé, leva-nos ao caminho que conduz a Deus. No recolhimento e na solidão, encontrai-vos com Deus; e para vós o mistério se desfaz, porque Ele se revela. Apóstolos do pensamento, a verdadeira vida se abre para vós! Vossa alma se liberta da matéria e se lança pelos mundos infinitos e etéreos, que a pobre Humanidade desconhece.
>
> Marchai, marchai pelos caminhos da prece, e ouvireis a voz dos Anjos! Que harmonia! Não são mais os ruídos confusos e as vozes gritantes da Terra: são as liras dos arcanjos, as vozes doces e meigas dos serafins, mais leves que as brisas da manhã, quando brincam nas ramagens dos vossos arvoredos. Com que alegria então marchais! Vossa linguagem terrena não poderá exprimir jamais essas venturas, que vos impregna por todos os poros, tão, vivas e refrescantes é a fonte em que bebemos através da prece! Doces vozes, inebriantes

perfumes, que a alma ouve e aspira, quando se lança, pela prece, a essas esferas desconhecidas e habitadas! São divinas todas as aspirações, quando livres dos desejos carnais. Vós também, como o Cristo, orai, carregando a vossa cruz para o Gólgota, para o Calvário. Levai-a, e sentireis as doces emoções que lhe passavam pela alma, embora carregasse o madeiro infamante. Sim, porque ele ia morrer, mas para viver a vida celestial, na morada do Pai

CAPÍTULO 32

Bullying

11 de maio de 1990

Amanhã vamos a um churrasco na casa do Moacir e, no domingo, a um encontro dos jovens da Comunidade, em Aparecida do Norte. Nesse encontro teremos o chamado para vocações sacerdotais. Conseguiram reunir quase 3 mil jovens para o chamado vocacional. Virá gente do Brasil todo.

Eu estava mesmo muito engajada na minha comunidade. E estava disposta a viajar para Aparecida[32]. O evento foi algo grandioso. Ficamos por quase quatro horas nesta reunião. No final houve o chamado. As candidatas ao noviciado são de clausura, para oração, e os jovens candidatam-se a padre itinerante, a fim de propagar o

---

32 Um projeto de lei municipal aprovou a mudança do nome da cidade para Aparecida. Simplesmente Aparecida. Abriga o Santuário Nacional de Nossa Senhora da Conceição Aparecida, o maior templo religioso católico do Brasil e segundo maior do mundo. **Nota da autora.**

ideal do Caminho. Eu não estava pronta para me tornar freira. Porém, mal sabia eu que teria de enfrentar esse momento, anos depois, diante do fundador da comunidade.

Mas se na comunidade eu gozava do respeito geral, na escola sofria com a zombaria de alguns coleguinhas.

> ***5 de junho de 1990***
>
> *Você nunca se sentiu como alguém de outro planeta? Eu já. E várias vezes. Não me enquadrava na minha família nem na escola. Detestava a galerinha. Eram esnobes, fúteis, vazios e sempre gozavam de alguém, eu inclusa. Como queria me isolar de todos, ficar em uma casinha na beira de uma cachoeira, onde pudesse me conectar com a Natureza.*

Hoje a sociedade está um pouco mais civilizada e as práticas de assédio moral e *bullying*[33] são repudiadas abertamente. Na minha escola, eu era uma espécie de "patinho feio", desprezada e objeto de gozação dos colegas. Sofri muito. Mas talvez eu também praticasse *bullying*, sem me dar conta do que fazia. Se um colega era de baixa estatura, já estávamos nós chamando de anão de jardim. Quem usava óculos de grau logo era apelidado de "quatro-olhos".

Acredito que todos nós já fomos vítimas dessas práticas. E felizes daqueles que souberam suportar o *bullying*, sem se deixar abater ou desenvolver um complexo de inferioridade. Nesses momentos, muito importante é guardar a fé em Deus e manter-se em paz. Afinal, muitos daqueles que apontam um defeito em nós, talvez estejam escondendo alguma coisa da qual se envergonham.

Mas ainda que fosse o patinho feio da escola, veja só que bela surpresa eu tive.

---

33 *Bullying*, do inglês, deriva de *bully*, isto é, tirano, brutal. Corresponde à prática de atos de violência física ou psicológica, intencionais e repetidos, cometidos por um ou mais agressores contra determinada pessoa. Uma espécie de tortura física ou verbal. **N.R.**

Todo ano no período das festas juninas, os alunos de cada classe se reúnem para eleger uma menina a fim de representar a turma no Desfile das Sinhazinhas, que é um desfile da época de 1800, a caráter. E milagrosamente eu fui escolhida este ano para ser a Sinhazinha. Nossa! Estava no céu! Bom, para viver o Dia de Princesa ia precisar de um vestido. E Marinho foi comigo escolher a roupa. Que vestido lindo! Era fechado até o pescoço, de renda, com o decote Princesa, apertado até a cintura, mangas bufantes. Acompanhavam chapéu e sombrinha. Uma típica Sinhá!

Como se vê, eu estava me sentindo mais do que compensada. Mas, por outro lado, a situação financeira não estava nada bem.

CAPÍTULO 33

Tempo de vacas magras

Julho de 1990

Um novo mês. O novo sempre entra com esperanças. Mas aqui em casa as coisas não estão muito boas. Minha mãe veio conversar sobre a nossa situação financeira. Falou que as coisas estão piores, que o juiz não libera o dinheiro da venda de um dos terrenos do meu pai que pertence a nós. Para ajudar, o pagamento da venda da fábrica vira-e-mexe atrasa. Acho que vou voltar a vender prata. Além disso, estamos sem carro há quase um ano.

Sim, naqueles momentos a família começava a repensar o regime de vida e também a cortar regalias, por menores que fossem. Então começamos a lembrar dos tempos de "vacas gordas", de fartura e do esbanjamento. Agora era o período de "vacas magras". É nessas horas que damos valor às coisas e usufruímos com moderação e respeito. A valorização do luxo, das roupas de marca, aquilo tudo não tinha levado a nada. Agora era importante agradecer por ter um bom par de sapatos, uma roupa decente...

A dureza dos nossos corações é tanta, que Deus permite ao homem passar pela prova da riqueza e também pela prova da pobreza, a fim de aprender a usar os recursos materiais com sabedoria. De um lado, aprenderá a não esbanjar os bens que a fortuna lhe trouxe e saberá empregá-los, não só em favor de si, mas também em favor da coletividade. E se não fizer bom uso, a vida providenciará que essa riqueza mude de mãos. E quem viveu hoje na abastança, amanhã poderá renascer numa choupana, tendo de enfrentar duras provas para conseguir o seu sustento.

Minha família passou por isso, mas tudo na mesma existência. Em menos de três anos, minha mãe já havia empenhado terrenos e imóveis para quitar as dívidas da fábrica. Estávamos sem carro e, às vezes, faltava dinheiro para comprar misturas. Hoje, em casa, não permito que meus filhos desperdicem alimentos nem reclamem do cardápio. Toda refeição deve ser feita antecipada por uma prece de agradecimento. Não é que o Jesus ensina na prece do Pai Nosso?

E vejam só o que estava por vir. Um acidente bobo me faz ainda hoje ir ao médico para ver como estão minhas hérnias de disco. E isso aconteceu num show no estádio da S. E. Palmeiras. Estava com uma galerinha da comunidade, ali, para assistir a um show do Legião Urbana. E aquele show foi inesquecível em todos os aspectos. Na arquibancada levei um baita tombo, que ocasionou as três hérnias de disco que tenho hoje (risos), no final da coluna, perto do cóccix. Travei a primeira vez quando estava fazendo minha filha caçula dormir.

Tive o diagnóstico e fui proibida de correr, saltar e mais um monte de coisas. Segundo a médica, qualquer movimento com muito impacto poderia ocasionar o rompimento das hérnias e me deixar paralítica. Mas como na minha vida tudo é um desafio, não aceitei o diagnóstico. Fui a um especialista de coluna e ele me tirou aqueles medos.

Estou com as três hérnias até hoje e, nesse meio tempo, descobri mais duas na cervical. Provavelmente causadas por posturas erradas, sobretudo porque trabalho na posição sentada. Além disso, não poderia carregar coisas muito pesadas. Mas eu sempre descumpria a recomendação. Muitas vezes carregava pesos e não pedia ajuda.

Se eu fosse menos presunçosa e orgulhosa, tudo podia ser diferente. Às vezes o orgulho também nos impede de pedir ajuda. Julgamo-nos em posição superior e achamos que não precisamos nada de ninguém. Engano! Vivemos em sociedade. E isso é uma lei. Como lemos em *O Livro dos Espíritos*, Parte III, temos lá a lei de sociedade.

CAPÍTULO 34

Olhai os lírios do campo

22 de agosto de 1990

Ontem foi aniversário da minha irmã. Ela chegou aos 18. Nossa! Como o tempo passa correndo. Lembro que eu falava das moças de 16 como se fosse uma idade distante. E agora eu mesmo estou com 16. E ainda tão inexperiente em relação a tudo. Fizemos um bolinho para ela e chamamos alguns amigos da praia. E vieram muitos garotos. Moacir, meu querido amigo, estava todo de branco, por causa do curso de medicina. Estava bonito!

Minha imaginação era muito fértil. Fantasiava um homem perfeito, um príncipe. Fantasiava uma história de amor onde tudo dava certo no final. Acho que isso é culpa de muitos desenhos de princesas com final feliz (risos). Mas a mudança que uma adolescente enfrenta é bem isso. Sair do mundo perfeito, que muitas vezes nos é mostrado pelos próprios pais, e encarar os fatos do mundo real.

Hoje, esse mundo de fantasia pode estar em um jogo virtual. Por isso precisamos tomar certos cuidados e buscar o autoconhecimento. Discernir o que é real e o que não é. E que sempre, sempre, o mundo real é mais importante do que o vivido virtualmente. Parece óbvio, mas conheço alguns adolescentes que preferem amizades virtuais, o mundo criado em jogos (os *videogames* que divertem tanto os jovens) e assim por diante.

Bom, se você é um deles, comece colocando a cabeça para fora da janela (mas cuidado! Veja onde está, para não cair, hein?). Observe o que tem ao seu redor, respire. Sei que muitos vão dizer que são vistos prédios ou mesmo casas coladas umas às outras, que o ar é poluído etc. Mas sempre, sempre, tem algo a ser observado e sentido. E nisso está a beleza da vida.

Poder olhar para algo com outros olhos, poder sentir a textura de uma flor, poder ver a lua cheia, o pôr do sol, ficar descalço, e sentir o chão frio, sentir a água na hora do seu banho, beber água na hora da sede, ter paladar para sentir algo doce, se você gosta de doce, ou mesmo algo salgado, se você gosta de salgado, aquela comida que você ama e pode comer, pois são nessas pequenas coisas que sentimos como é maravilhosa a vida.

E agora eu recordo daquela canção – "Quando entrar setembro, e a boa nova andar nos campos". Sim estamos entrando em um novo mês e logo virá a primavera. Mas meu coração batia acelerado.

3 de setembro de 1990

Um novo mês, um novo começo. Vamos completar três meses de namoro. Parece que foi ontem. Antes Paulo, agora Marinho. Tenho medo de me magoar novamente, pois finalmente vamos assumir perante todos da Igreja. Só espero que a inveja não estrague tudo, pois, gosto dele. Espero também que ele fique comigo por gostar de mim e não para me usar, ou por atração apenas.

Viro a página. A caligrafia já não é tão firme. Talvez porque estivesse apreensiva. A família viu a situação piorar terrivelmente. Eu havia saído para buscar emprego e nada estava dando certo. As portas sempre se fechavam. Na aula de matemática eu tive uma crise de choro e tive de sair da sala.

No dia seguinte eu me sentia melhor. Sabia que tudo aquilo ia passar. Já tinha passado por coisas piores antes e, naqueles momentos, Deus sempre abria uma porta. Deus nunca me abandonou e não seria naquela vez que Ele iria me abandonar. Confiava numa solução. Os homens são falhos, mas Deus não. Há uma passagem no *Evangelho* que diz: "Olhai os lírios do campo. Eles não fiam ou tecem; no entanto, nem Salomão se vestiu tão elegante quanto eles. Olhai as aves do céu: não semeiam, não colhem nem armazenam nos celeiros. Contudo, o Pai celestial as alimenta. Não tende vós mais valor do que elas"?[34]

E hoje confirmo o escrito acima, pois, sim, temos mais valor que elas, tive várias provas de que Nosso Pai não nos deixa ao desamparo. Mas vocês devem estar pensando: Então por que esse meu tormento não passava? Que Deus é esse? Pois então reflitam nesse conto, que já virou música também:

Pegadas na Areia
Os caminhos de nosso Senhor
Só quem ama percorreu
Só quem sonha conheceu
São caminhos cheios de amor
Que nem sempre o sonhador
É capaz de entender
Alguém me disse que sonhou
Que estava numa praia caminhando com Jesus
E olhando o céu viu sua vida

34 Veja Sermão do Monte, Evangelho de Mateus, capítulo V.

Tanta estrada percorrida
Sempre em busca de uma luz.
E olhando as marcas na areia,
Viu ao lado dos seus passos as pegadas de Jesus.
E aí ele falou:
- Não te entendo, meu Senhor!
E olhou para o chão
- Nos caminhos mais difíceis, eu não vejo as tuas marcas, mas apenas os meus rastros.
Por que me deixaste só?
Jesus respondeu:
- Os passos são só meus. Jamais te abandonei.
É que nos momentos mais difíceis
Nos meus braços te levei.

Às vezes esquecemos que é nessas horas que Ele nos carrega no colo. Mesmo que a solução não apareça de imediato, mesmo que a resposta dada não seja a que esperávamos. Se a solução veio de forma diferente é porque essa é a melhor para você.

CAPÍTULO 35

Onde está a felicidade?

17 de outubro de 1990

Este mundo é uma injustiça! Tem tanto filhinho de papai fazendo o curso obrigado, que explora o pai e acaba tirando a mesma nota que eu! Poxa! Eu estudei! Não estou me fazendo de coitada, não. Eu não tenho culpa. Realmente eu queria saber onde eu errei!

De volta às minhas lutas íntimas, meus desafios, as contradições desta vida. Nesse dia houve uma briga em casa. Foi o "Dia D". Uma gritaria total. Mamãe nem ligou. Fiquei quase uma hora trancada, chorando no banheiro, falando várias coisas horríveis dela e de tudo, e ela nem aí, com pensamentos horrendos, desejando a morte, pensando que não fazia falta a ninguém. Se eu soubesse o quanto um ato impensado poderia machucar as pessoas ao meu redor!

Gostaria que mamãe me entendesse e visse que, para mim, também não é fácil repetir de ano. Ser a mais velha da turma, ver toda a matéria novamente e ainda tirar nota baixa! Morro de vergonha. Vergonha de ser repetente e ainda tirar essas notas.

Às vezes paro para pensar e me lembro do dia em que vi Jesus no final da escada dizendo para eu não ter medo e para não brigar tanto com minha irmã. Como eu falhei em tentar seguir o conselho do nosso Mestre. Como queria poder dizer para minha mãe o quanto a amo, o quanto ela é importante, que ela é a melhor mãe do mundo, que sempre esteve comigo, que deu o seu melhor para nós...

Como queria deixar meu orgulho de lado e pedir desculpas pelo que fiz! Mas não consigo. Quem sabe, um dia, quando ela ler este livro? Hoje eu penso que talvez não tenhamos o amanhã. Então, meu querido, não deixe de dizer para a pessoa amada que a ama. Deixe para lá a necessidade de provar que você está certo. Deixe para lá seu orgulho. Se a pessoa é especial, mesmo com suas falhas, não vale a pena viver brigando. Perdemos muito tempo da vida fazendo isso. Se eu pudesse mudar minha vida, eu começaria colocando dentro de casa mais amor e mais união, pois acredito que o resto é supérfluo. Não digo que não precisamos do dinheiro, mas com amor tudo pode ser diferente. As batalhas são as mesmas, mas podem ser passadas com mais leveza.

Para ajudar, ontem fui vender prata de porta em porta, para ver se entrava algum dinheiro para casa, e recebi tantos "nãos" que também não foi fácil. Só uma pessoa de uma casa comprou, e, por sinal, era mãe de um rapazinho que fez encontro de jovens comigo. Sei que Deus não me desampara.

Nesses momentos, eu me olho no espelho e reflito. Todos querem a felicidade. Mas sempre a procuramos onde ela não está. E se consultarmos os espíritos da codificação eles dirão que "a felicidade consiste na posse do necessário e numa consciência tranquila". Bela definição, não? E ainda é preciso dizer que neste mundo gozamos de uma felicidade relativa. Felicidade plena ainda não é possível. E eu queria ser feliz...

> ***22 de novembro de 1990***
>
> *Hoje escrevo mais por desabafo. Porque não tenho com quem conversar. Meu namorado? Bom, acho que, se eu ficar contando para ele a situação que estou vivendo no momento, vai vir aquele sentimento de coitadinha. E isso eu não quero. Não quero piedade de ninguém. Quero ser igual a todo mundo, mesmo tendo um pouco mais de problemas do que tem a maioria desses burguesinhos.*

Ao ler este "desabafo" elevo o pensamento a Deus em prece e rendo graças a Ele por Sua misericórdia. Como Deus é maravilhoso! Porque, por linhas tortas, eu acabei encontrando meu caminho e, hoje, posso dizer que sou feliz, dentro das possibilidades deste mundo. Tenho três filhos perfeitos. O que mais poderia pedir?

E o que é ser feliz para você? Alguns dirão que ser feliz é alcançar tal objetivo ou realizar determinado projeto. Outros dirão que ser feliz seria ganhar uma grande soma na loteria. Outros, ainda, dirão que ser feliz é conquistar um cargo de destaque, de prestígio. Ou mesmo a posse de um bem que proporcione *status* elevado no quadro social.

Ora, a posse de coisas é uma sensação prazerosa, mas efêmera. É um êxtase momentâneo. Por isso quem já foi ou se tornou alguém "importante" sempre comenta sobre aquele vazio no peito. Por isso, alguns buscam a felicidade na bebida, nas baladas insanas, como que tentando preencher esse vazio, mas, depois que passa a euforia, tudo retorna ao que era. E isso acaba virando um *looping* sem fim.

Vejam o que as entidades superiores responderam a Allan Kardec na questão 920 de *O Livro dos Espíritos*:

> **Q. 920** - Pode o homem gozar de completa felicidade na Terra?
>
> Não, por isso que a vida lhe foi dada como prova ou expiação. Dele, porém, depende a suavização de seus males e o ser tão feliz quanto possível na Terra.

Joanna de Ângelis, no livro *Lições para a felicidade*, psicografia de Divaldo Pereira Franco, diz:

> É verdade que não se pode desfrutar de felicidade plena durante a jornada carnal; no entanto, por meio dos atos morais cada pessoa pode atenuar as aflições que decorrem das experiências infelizes originadas em suas existências transatas.

CAPÍTULO 36

Evangelho no Lar

29 de novembro de 1990

De ontem para hoje passei quase a noite toda em claro, não por insônia, mas pelo fato de minha mãe não estar passando bem. Ela não parava de chorar. Sua dor de cabeça era tão forte, que não conseguia relaxar. Não sabia o que fazer. Pensei em levá-la para o hospital. Fiquei perto dela até mais ou menos as 2 horas da madrugada, e por fim ela se acalmou e dormiu.

Se eu soubesse àquela época dos recursos do passe e da água fluidificada, teria ajudado minha mãe a superar aquelas dores. Pelo menos, até que pudesse levá-la ao hospital. Eu fiquei impotente e nem conseguir orar. Não devemos subestimar a medicina da Terra, mas, às vezes, um passe magnético pode aliviar nossa tensão, acalmar o coração e devolver a confiança.

Quantas vezes não chegamos ao hospital com disritmia, pressão alta e outros sintomas, mas que não são detectados nos exames? E por fim ouvimos o médico dizer que todos os sintomas eram psicossomáticos. Ou seja, eram de natureza psicológica e acabaram repercutindo no somático, isto é, no organismo[35].

E muitas vezes são mesmo doenças psicossomáticas, que aparecem e somem como que por encanto. E desde os anos 90, uma nova palavra começou a ganhar força no vocabulário brasileiro e nos consultórios médicos: *stress*. Eu mesma, numa manhã, senti dores terríveis nos ombros e na altura da nuca. Imaginei que se tratasse de algum sintoma de meningite e mesmo alguma coisa mais séria. Mas o diagnóstico era aquele mesmo: *stress*. E ninguém vai dizer que estava fazendo fita. As tensões do dia a dia, no tráfego, no escritório, no lar, vão sobrecarregando o sistema nervoso e, num determinado ponto, entramos em colapso.

Vocês, meus queridos, devem estar acompanhando o grau de tensão em que me encontrava nesse final de 1990. Estava mesmo a ponto de estourar.

28 de dezembro de 1990

Mais uma derrota. Há cerca de quatro semanas fui em busca daqueles empregos temporários em lojas de Shopping. E uma delas me chamou para a entrevista. Além de tudo isso, minha mãe vai a julgamento na próxima semana, com risco de ser presa. Se isso acontecer, o que será de mim e da minha família?

Com esse estado de coisas, o clima em casa não era para soltar fogos, considerando tudo que estava ocorrendo na família. Eu queria resolver tudo com uma varinha mágica. Levar todos para uma casa, longe da cidade, ao lado de uma cachoeira... Sonho meu!

---

35 Os transtornos (distúrbios) psicossomáticos são os processos psíquicos que têm influência e efeitos no somático. Isto significa que certos sintomas somáticos (com evidência corporal) podem ter a sua origem em processos emocionais. Essa realidade é muito difícil de precisar para os médicos, já que incidem variáveis inacessíveis para o método científico. **N.R.**

Hoje, aos 46 anos, vejo que esses sonhos de vida e de família perfeita estão distantes. E que não conseguimos impor nossa vontade a ninguém. Não consigo influenciar nem meu próprio marido que vive comigo há quase 25 anos! É difícil colocar um pensamento na cabeça do outro. Tenho três filhos e não consegui passar minha fé para nenhum deles. Talvez por não conseguir ser exemplo dentro de casa. "Ações valem mais do que palavras."

Há cerca de 3 anos, estava eu novamente nesse estado, de extrema tensão, quando umas amigas me vieram falar de um culto chamado Evangelho no Lar[36]. Elas me convidaram para participar desse culto que era realizado na casa da pessoa que estivesse passando dificuldade. Eu aceitei participar. Fomos então à casa de uma amiga, onde o ambiente andava muito carregado. Seguindo instruções da nossa colega, colaborei na arrumação da mesa, com um jarro de água, e fiz a leitura de um trecho do Evangelho. Os membros da família também acompanharam a leitura, em silêncio. Pediram que eu comentasse a lição da noite, e eu, que não sou médium na acepção da palavra, senti-me inspirada e falei com muita convicção sobre o assunto tratado. E acabei influenciando positivamente algumas pessoas! Um rapaz, membro da família visitada, estava em busca de respostas. E ficou interessado em saber mais sobre *O Livro dos Espíritos*. Pois é, meus queridos! É nessas horas que nos sentimos instrumentos nas mãos de Deus. Os planos não são nossos, e sim do Divino.

E graças a essas amigas que surgiram no meu caminho, passei a estudar mais ainda a doutrina do espíritos e aceitei o convite para colaborar na evangelização de crianças. Esse era um sonho de adolescente, que estava se concretizando.

---

36 Culto do Evangelho no Lar. Trata-se de uma reunião em família, regular, em torno de uma página do Evangelho. Os membros familiares reúnem-se por 20 a 30 minutos. Enquanto é feita a leitura de uma página de *O Evangelho segundo o Espiritismo,* deixa-se um copo com água para ser fluidificada. Ao final, todos oram juntos. E é servida a água.

CAPÍTULO 37

Sonambulismo

20 de janeiro de 1991

Acordei, assim, sei lá, meio estranha. Acho que foi devido a um sonho que tivera na noite anterior. Sonhei que estava em casa e junto estava minha tia. Explicando: tenho uma tia que não bate muito bem da cabeça. Tem esquizofrenia. E quando está numa crise, sem os remédios, fica maluquinha. Fala que todos a roubaram. Veste-se com laços e mais laços na cabeça, roupas estranhas.

A leitura do Evangelho acabou beneficiando a mim mesma e o meu lar. E acho que isso contribuiu também para que eu sentisse mais a presença dos espíritos amigos e captasse as intuições que me enviavam. Tanto que duas semanas depois comecei a ter sonhos cada vez mais significativos. Alguns estranhos. Mas eu me via fazendo coisas fora do corpo. E nos sonhos começava a ver entes queridos, alguns que não via há muito tempo e outros que já haviam desencarnado.

Se você é assim também, como eu era, pode ser que desde nova você tenha essa faculdade que o espiritismo chama de mediunidade, isto é, a capacidade que as pessoas têm de sentir a influência dos espíritos. Alguns apresentam essa faculdade em alto grau, de forma ostensiva. Outros apenas rudimentos. Mas todos somos médiuns, num determinado grau. Durante o sono, deixamos o corpo físico, que precisa reparar as energias, e vamos viajar pelo Espaço, como quem conseguiu uma liberdade temporária. Temporária porque ainda estamos ligados ao corpo. Lembram-se daquele cordãozinho fluídico de que falamos em outro capítulo? Pois ele é de uma elasticidade sem fim. Onde vamos, ele nos acompanha. É como uma linha de anzol. Se alguém nos desperta do sono, somos trazidos de volta ao corpo imediatamente.

Durante esse estado de emancipação da alma, isto é, em que estamos libertos do corpo, nossa consciência se expande e temos liberdade de ação. Nesse estado, a pessoa levanta-se da cama, caminha pela casa, mas como se fosse um zumbi. Olhos extáticos, indiferente ao que se passa em volta. Diremos que se trata de um estado sonambúlico. Convém dar uma lida no que escreveu Allan Kardec a respeito, em *O Livro dos Médiuns,* capítulo XIV, tópico 172.

> O sonambulismo pode ser considerado como uma variedade da faculdade medianímica, ou melhor dizendo, são duas ordens de fenômenos que, com muita frequência, se encontram reunidas. O sonâmbulo atua sob influência de seu próprio espírito: é sua alma que, nos momentos de emancipação, vê, ouve e percebe fora dos limites dos sentidos; o que ele exprime, haure em si

> mesmo; suas ideias são, em geral, mais justas do que no estado normal, seus conhecimentos mais extensos, porque sua alma é livre; em uma palavra, vive por antecipação a vida dos espíritos. O médium, ao contrário, é instrumento de uma inteligência externa; ele é passivo e o que diz não vem de si. Em resumo, o sonâmbulo exprime seu próprio pensamento, e o médium exprime o pensamento de um outro.

Mas voltemos ao que estava relatando sobre meu sonho.

> *Essa minha tia estava em um quartinho fora de casa dormindo. Quando acordou, veio em direção ao meu quarto e deitou-se nos pés da minha cama para dormir comigo. Quando acordei, olhei para os meus pés e vi uma luz maravilhosa. Essa luz era cheia de pontinhos luminosos de todas as cores.*

Quando trazemos lembranças nítidas do sonho, dizemos que esse foi um sonho espírita, cujas experiências no mundo invisível foram muito fortes e deixaram vestígio na memória cerebral. Esses sonhos merecem nossa atenção e observação. As visões que ficam em nós desse tipo de sonho normalmente são avisos, alertas dos bons espíritos ou mesmo a premonição de fatos.[37]

---

37 Abraham Lincoln, o grande estadista e presidente dos Estados Unidos, que governou o país durante a Guerra da Secessão, nos idos de 1866, após haver pacificado o conflito entre os Estados do Norte (que queriam o fim do regime escravocrata) e os do Sul (que não aceitavam a abolição desse regime), teve um sonho muito estranho na Casa Branca. Sonhou que era velado no Salão Oval e que recebia as homenagens fúnebres. Ele comentou o sonho com alguns assessores e com a esposa. E uma semana depois, dentro de um teatro, foi atingido por um tiro à queima-roupa disparado por um partidário do regime defendido pelos Estados sulinos, derrotados na Guerra da Secessão. **N.R.**

CAPÍTULO 38

Espíritos

5 de janeiro 1991

O último Natal foi interessante. Não fizemos planos, nem muitos preparativos. Foi bem espontâneo. Quando deu meia-noite, toda a família (eu, minha irmã, meu irmão, minha mãe e minha vó) se reuniu. Lemos um trecho da Bíblia e depois comemos o que tínhamos. Senti algo diferente. Havíamos conseguido nos unir e isso era algo que até então estava muito difícil de acontecer. E parece que as boas energias do Natal se prolongaram também no Ano Novo.

Os espíritos são nada mais que as almas dos homens que viveram na Terra. Podem ser de luz, isto é, elevados, ou simplesmente espíritos ordinários, simples, pouco instruídos. Nas demais denominações religiosas, um espírito elevado é tomado por anjo ou mesmo por um santo.

Os médiuns são muitas vezes endeusados. Mas isso é um erro. São pessoas comuns, falíveis, sujeitas às mesmas vicissitudes. O médium, quando bom e devotado, pode tornar-se um missionário, investido de grandes tarefas na Terra. Mas esses são poucos. Os médiuns, em sua maioria, são espíritos que estão nessa condição justamente para trabalharem mais e assim compensar os erros cometidos. O médium é alguém que recebeu uma enxada especial que lhe permitirá carpir, de modo mais acelerado, a gleba de erros e desenganos cometidos em existências pretéritas.

Mas o que importa nisso tudo é que o médium se mantenha sintonizado com os bons espíritos, trabalhando em favor dos semelhantes e esforçando-se sobretudo para a sua própria reforma íntima e aprimoramento moral. E nunca fazer da sua mediunidade um meio de enriquecer-se, consoante ao ensinamento do Cristo – Dai de graça o que de graça recebestes.

Há vários tipos de mediunidade. O tipo mais comum talvez seja a intuitiva. Quem não sentiu aquele arrepiozinho nos cabelos, uma espécie de aviso nos chamando atenção para alguma coisa? Não é comum as pessoas dizerem: "Algo me dizia que eu deveria ficar com um pé atrás com fulano"? Ou ainda: "Eu deveria ter ouvido mais a minha intuição"?

Há ainda os médiuns inspirados. Ou seja, estão sob o influxo de uma inspiração superior. Há pessoas que às vezes disparam a falar coisas belas e a dar bons conselhos aos outros. Há aqueles que, numa espécie de êxtase, escrevem poesias e músicas, concebem projetos e tomam decisões importantes, como se estivessem tomados por uma força divina[38].

Mas a mediunidade é uma faculdade orgânica. É uma predisposição que as pessoas têm para sentir a influência dos espíritos. O espiritismo tem demonstrado que há uma ligação íntima da

38 Veja *O Livro dos Médiuns*, de Allan Kardec.

mediunidade com a glândula pineal ou epífise[39]. E essa predisposição faz com que o perispírito do médium se expanda com mais facilidade, estabelecendo um elo entre o encarnado e o mundo invisível.

"Diz-me com quem andas e eu te direi quem és". Todos conhecem esse ditado, não? Pois isso vale também para os médiuns. Os médiuns devotados estão sempre de braços dados com o trabalho desinteressado em favor do próximo. Colocam sua faculdade a serviço dos bons espíritos. Não trapaceiam, nem abusam da credulidade das pessoas. Não se prestam a negociatas. Não aceitam pagamento pelos benefícios que espalham.

O bom médium trabalha por sua elevação moral. Esmera-se em adquirir virtudes, ao mesmo tempo que luta para combater suas más inclinações. Procura ser humilde e não se vangloria da faculdade que possui. Sabe que a mediunidade poderá ser-lhe tirada a qualquer tempo, se Deus assim desejar. O bom médium é antes de tudo um cristão sincero, porque segue e pratica os ensinamentos de Cristo.

Claro que não somos perfeitos. Mas o esforço de melhorar-se a si mesmo é premiado pelo bom Deus, porque recebemos boas energias, sentimos ao nosso redor uma vibração agradável. É como chamamos, vulgarmente, de bons fluidos. Há lugares em que a vibração é desagradável, já notou? Em compensação, há lugares nos quais nos sentimos bem. Os bons fluidos expulsam os maus fluidos, como a luz expulsa as trevas.

Assim, se quiser contar com a companhia dos bons espíritos, aja no bem. Siga o bem. E os maus espíritos não encontrarão brecha no seu pensamento ou no seu coração. Os espíritos levianos, mentirosos, inescrupulosos, os imperfeitos, adoram aquelas pessoas que

---

39 Uma boa referência é *Missionários da luz*, de André Luiz, psicografia de F. C. Xavier. A pineal ou epífise seria a glândula da vida mental. Vale a pena ainda conhecer o trabalho do doutor Sérgio Felipe de Oliveira, pesquisador na área de Medicina Integrativa. Sua tese de mestrado versa sobre o estudo da ultraestrutura da glândula pineal humana com microscopia eletrônica. Sérgio Felipe é também fundador da Instituto Pineal-Mind.

vibram na mesma faixa de frequência, independentemente se você tem ou não uma mediunidade ostensiva, isto é, uma ligação mais direta com o outro lado da vida, o mundo invisível.

Isso porque, se formos uma nuvenzinha escura, mal-humorados, pessimistas, sempre reclamando, egoístas, entre outras inferioridades morais, quem estará do nosso lado? Os mesmos espíritos que vibram nessa sintonia. Então "bora" ser uma pessoa melhor. Pois, vendo ou não vendo, falando ou não falando, psicografando ou não psicografando, teremos do nosso lado os seres que são compatíveis com o nosso modo de ser.

CAPÍTULO 39

Dislexia

26 de janeiro de 1991

Sinto, meu Deus, pelo que vou escrever, mas não queria mais que o Senhor me concedesse a vida. Parece que só ando para frente sem encontrar uma solução, sem ver uma luz. Não consigo me encontrar. Não presto mesmo para nada! Sou aquela que não tinha que nascer, que só atrapalha. Para meu namorado sou A Mulher. Mas sei que não sou nada disso.

Reler estas linhas me deixa um pouco triste. Eu queria muito ver a luz! Mas isso só viria com o tempo, com os anos, com as provas, com o meu amadurecimento. Veja meu desespero, caro leitor! Sabia que algo me bloqueava o raciocínio, mas até então não havia descoberto que era portadora de dislexia. Isso só descobri mais tarde.

Sofria a angústia de ser diferente e era criticada. Não me entendiam. Mas não culpo ninguém por isso. Pensava que era realmente burra, mas, como digo, cada um tem o seu valor e sua característica.

Hoje sei que meu QI é 132. Por isso, se você se sente burro ou menos que os outros, lembre-se de mim[40].

Bom, já falei um pouquinho sobre o grande engano daqueles que tentam abreviar a existência e das consequências graves para aquele que deliberadamente atenta contra a própria vida. Agora, vou abordar o outro lado da questão.

Hoje sou mãe e confesso: não há dor maior do que ouvir do próprio filho o que eu pensava quando jovem. Por isso - meus filhos e meus leitores - sei que a depressão, a tristeza, a angústia, o desespero e a dor causada pela falta de motivação é um processo horrível! Mas não se permita alimentar a ideia de autodestruir-se. Porque a vida não cessa e continua no além-túmulo.

Mas se você estiver com esse pensamento, olhe para o lado, olhe para sua mãezinha que te deu à luz, olhe o sofrimento que ela terá em te perder. Se você não tem mãe, olhe para seu pai. Se o seu pai é um alienado, não tem problema; você tem alguém. E estou certa de que ele sentirá muito a sua falta. Sua existência é preciosa demais para você desperdiçá-la. Peça ajuda. E ela virá, com remédio certo. Abasteça-se com a força divina. Vá à casa espírita, vá a sua Igreja, vá se alimentar do remédio espiritual enquanto o remédio da carne faz efeito. Tudo passa. E isso também vai passar. Não desista. JESUS TE AMA. E eu também. Esse amor é infinito.

13 de fevereiro de 1991

Semana retrasada estávamos contando moedas. Sem dinheiro no banco, sem dinheiro em casa E enquanto isso

---

40 QI, ou Coeficiente de Inteligência, é uma escala que ajuda a avaliar, e comparar, a habilidade de diferentes pessoas em algumas áreas do pensamento, como Matemática Básica, raciocínio ou lógica, por exemplo. O valor de QI pode ser obtido através da realização de testes que avaliam apenas uma dessas áreas ou várias. Isso significa que o valor obtido num determinado teste de QI não é considerado uma medida absoluta da inteligência, servindo apenas para comparar as pessoas que fizeram esse mesmo teste e que avaliaram as mesmas áreas do pensamento. **Nota do revisor.**

nosso advogado tentava provar para o juiz que nossa família estava passando necessidades e que o dinheiro retido no banco do meu pai, para nós, precisava ser liberado antes da nossa maioridade.

Mas logo na semana seguinte recebemos a ligação tão esperada. O advogado tinha conseguido liberar uma pequena parte do dinheiro. Apesar de pequena, deu para pagar pelo menos as contas atrasadas e para abastecer a despensa da cozinha. E, no dia seguinte – pasmem! –, recebemos outra carta, que liberava a retirada total. Nossa! Nem acreditamos. Suspeitamos que pudesse ter sido um erro do Cartório.

Então, pagamos as contas e fizemos um mercado, "aquele mercado", comprando tudo que queríamos, desde guloseimas, pois havia tempos que não tínhamos essas coisinhas deliciosas em casa.

CAPÍTULO 40

Ama o teu próximo

23 de fevereiro de 1991

Numa das páginas anteriores, escrevi desejando a morte. Sei que fiz uma coisa errada, mas sou fraca, e caio facilmente. Sei que não foi só por causa do dinheiro, mas, quando analiso o comportamento humano, fico desanimada. Vejo as pessoas fazendo maldades sem pensar, não estando nem aí para o sentimento do próximo. Jesus, nosso Mestre, ensinou: "Ama a Deus com todas as tuas forças. E ao próximo como a ti mesmo" (Matheus – 22:29).

Confesso que nunca tinha entendido direito esse mandamento do Cristo. Achava que, amando ao próximo como amo a mim mesma, eu me transformaria em uma pessoa mais egoísta. Mas hoje, estudando a doutrina espírita, alarguei um pouco mais a minha compreensão.

Ao conhecer a mim mesmo, posso entender o que se passa com meu semelhante. E assim desenvolvo o que a psicologia denominou empatia, isto é, a capacidade de me colocar no lugar do outro, sentir como o outro se sente. E isso vem ao encontro da máxima de Jesus: "Não faças a outrem o que não gostarias que fizessem a ti".

Quando nos amamos, aceitamos nosso nariz enorme, pequeno, torto; nossos olhos pretos, castanhos, verdes; nosso cabelo liso, crespo, ondulado, ou mesmo a calvície. Quando aceitamos nosso peso, nossa altura, e agradecemos apenas por estar vivo, olhamos para nós mesmos e damos graças. Olhamos para nós mesmos e, ao deparar nossos defeitos, reconhecemos que devemos nos melhorar, em vez de cair na inércia e no pensamento: "Sou imperfeito mesmo. Quem sabe, na próxima encarnação eu me modifico". A lei do progresso é de todo momento. Hoje devo ser melhor do que ontem; e, amanhã, melhor do que hoje.

E quando nos entendemos e perdoamos, podemos olhar para o próximo com compaixão, com o verdadeiro amor do mestre Jesus, sabendo que eu erro e que meu próximo pode errar também. Sabendo do amor infinito e a paciência sem limite que nosso Pai tem para com Seus filhos, compreendendo nossas fraquezas, nossos defeitos, podemos então tentar agir assim com o semelhante, ainda que nosso amor não represente nem um milésimo do amor divino.

1º de março de 1991

Estes dias foram bem desanimadores. Mas hoje estou melhor. Ontem minha avó foi ao médico. Há mais de três semanas ela está com desarranjo intestinal. O doutor sentiu algo no seu estômago, mas não quer diagnosticar sem mais exames. Porém, devido a sua idade (83), só fará alguns. Tenho medo de pensar no que poderia ser.

Além disso, ontem minha mãe estava muito nervosa. Como estamos sem carro, ela pegou emprestado o da vizinha.

E não é que bateram no carro? Queria dar o mundo para consolá-la, mas nenhuma palavra saiu da minha boca. Para completar, fui mal na prova!

Mas a vida segue. E os problemas surgem no caminho. Mas nós fugimos do embate, porque em geral optamos sempre pelo mais simples, o mais cômodo. Deixamos de ouvir a voz "do homem velho" dentro de nós, isso é, a voz da consciência, que nos aponta o caminho do bem. Sejam quais forem as dificuldades faceadas, elas devem ser bem recebidas. Porque nos aprimoram o raciocínio e abrandam o coração.

Porém, fazendo uso do livre-arbítrio, que é uma das potências do espírito, tomamos decisões diferentes da que deveria ser tomada. Isto é, fugimos da prova, do teste. Não enfrentamos o desafio e a experiência pela qual deveríamos passar e superar, como uma conquista e um aprendizado em nossa escalada evolutiva.

Os dissabores domésticos são também provas a superar. É no seio da família que se dão os maiores embates para nossa reabilitação moral, como já tratamos aqui. Dentro de casa estão, via de regra, aqueles desafetos de outrora, a quem devemos muito. E por isso estamos juntos de novo para acertar as arestas, perdoar-se mutuamente e exercer a paciência. Disse Jesus: "Tenho-vos dito estas coisas, para que em mim tenhais paz. No mundo tereis tribulações; mas tende bom ânimo, eu venci o mundo". (João, 16:29-33.)

CAPÍTULO 41

A verdadeira Páscoa

20 de março de 1991

Estou na aula de geografia. Vi uma amiga escrevendo e fiquei com vontade de escrever também. As coisas continuam iguais; minha vó ainda sem o resultado dos exames que fez. Minha mãe, mais nervosa do que nunca. E agora estou desconfiada que meu gato (namorado) não gosta tanto assim de mim.

Estávamos preocupados com a saúde de vovó. E eu também estava preocupada com meu relacionamento amoroso. Mas que importância tem isso, quando comparamos com os problemas geopolíticos?

A essa época vivíamos aquele final da guerra fria, entre Estados Unidos e a antiga União Soviética. Mikhail Gorbatchov, grande líder russo, promoveu a *perestroika,* isto é, a redemocratização nas repúblicas que formavam a URSS. Era a *primavera russa*. Dois anos antes, havia caído o Muro de Berlim, que dividia a Alemanha em dois países. Então, a década de 90 representava uma era nova, de esperanças para a humanidade.

> *Queria poder voar, para poder ver o que se passa no mundo inteiro. Eu queria poder cantar para ninar todas as crianças carentes. Queria poder ser um presidente para parar com o preconceito. Queria poder ser o alívio para desviar a droga dos viciados. Queria a cada noite inspirar um sonho àquele que não sonha mais. Queria poder ser um míssil para desviar deste mundo a bomba destruidora. Queria poder ser a chuva forte para apagar as queimadas que se espalham na floresta e reduzem o oxigênio da atmosfera.*

Que belo poema! Queria ser tanta coisa. E, no entanto, os problemas do mundo continuam tão graves quanto ontem. As relações diplomáticas entre as duas potências – Estados Unidos e Rússia – nunca foram boas. E para complicar, agora outros protagonistas entraram no jogo: China, Coreia do Norte, Irã... E volta e meia estão pondo as manguinhas de fora, ameaçando a paz mundial com bomba nuclear, mísseis de alto alcance etc. Some-se a isto que atravessamos uma pandemia sem paralelos, causada por um vírus avassalador, que já matou mais de 5 milhões de pessoas. Só no Brasil são mais de 600 mil vidas perdidas[41].

Mas voltemos ao nosso diário, porque ainda há muita água para rolar.

> ***30 de abril de 1991***
>
> *Passou mais uma Páscoa, mas desta vez não fui para a praia, não saí com amigos. Desta vez foi diferente. Fiquei em casa, ou melhor, fui à Igreja e acompanhei as celebrações.*

---

41 SARS-CoV-2, ou covid-19. A pandemia teve início no final de 2019.

Senti o verdadeiro espírito da Páscoa, que é símbolo de vida eterna, imortalidade da alma!

No sábado de Aleluia fomos para a celebração no Caminho. Nossa comunidade tinha uma forma diferente de celebrar a Páscoa. Entrávamos em vigília por quase toda a noite, culminando depois com um banquete. Era um culto mais comprido, com mais leituras. Uma delas foi sobre a saga de Moisés, que tirou seu povo do Egito e o conduziu rumo à Terra Prometida. Essa é, aliás, a páscoa hebraica (*Pessach*), comemorada com pão ázimo (sem fermento) e ervas amargas, para lembrar as agruras vividas pelos judeus, vagando pelo deserto por 40 anos. À luz do conhecimento espírita, poderíamos comparar a saga do povo judeu, saindo da escravidão no Egito para a Terra Prometida, como a jornada do homem na sua escalada evolutiva, na longa fieira das reencarnações, submetido à lei de justiça, amor e caridade, ou, em outras palavras, a lei de causa e efeito ou ação e reação.

Durante a vigília estudávamos também os textos relativos à Páscoa Cristã, que está relacionada à ressurreição do Cristo, aquele momento glorioso em que Jesus é visto subindo aos céus envolto em meridiana luz. Seu ministério na Terra foi testemunho do mais puro amor e de fraternidade para com os homens.

Entrei na Igreja desanimada e voltei cantando. Saí da escuridão! Deus colocou suas mãos em mim e eu levantei, mais uma vez senti o seu amor, mais uma vez fui amparada por Deus, mais uma vez Ele estava comigo, sei que Ele está sempre, mas eu acabo esquecendo e fechando as portas para esse amor. Obrigada, meu Pai, por me resgatar das sombras mais uma vez.

E hoje, mais esclarecida pelos ensinamentos espíritas, vejo a Páscoa como símbolo da imortalidade da alma. Em vez de reviver a *Via*

Sacra, relembrar todo o suplício de nosso Mestre, até o derradeiro suspiro na cruz, prefiro recordar Jesus vivo, resplandecente. Em vez de reviver a *Paixão de Cristo,* tantas vezes encenada (em algumas vezes há também o deprimente espancamento do boneco representando Judas Iscariotes), prefiro rememorar o encontro de Madalena com o Mestre. "A quem procuras, mulher?" E Madalena exclama, tomada de emoção: "*Raboni, Raboni*". Relembrando sua fé, sua busca pelo Mestre.

Então para mim a Páscoa é um momento no qual podemos relembrar o motivo da vinda de Jesus; relembrar a libertação que ele veio nos trazer, a libertação da escravidão da matéria, da escravidão dos sentidos. A Páscoa nos remete à celebração da vida espiritual, da imortalidade da alma, e do amor que nosso mestre Jesus tem por nós, que independe do que somos e de como somos.

CAPÍTULO 42

A fé transporta montanhas (1)

13 de maio de 1991

Pela primeira vez minha mãe foi chamada para conversar com a direção da Escola. Tudo isso devido ao professor de português. Ele não entende o quanto eu me esforço! O pior é que minha mãe foi a primeira a saber, pois agora ela está trabalhando na escola como inspetora. Estou aqui no meu quarto com uma falta de ar enorme, que ocasionou minha falta na escola hoje. Ah! Eu odeio esse professor.

À época não falávamos em depressão. Mas é evidente que eu estava deprimida. E precisava de ajuda. Mas ninguém tinha sensibilidade para notar isso. Hoje, a depressão se tornou um dos maiores flagelos deste século, afetando cerca de 10% da população mundial. E eu faço este apelo: pais, familiares, tutores, amigos! Estejam atentos a esses sinais que apontam para a depressão. E se você, meu jovem, minha jovem: se estiver se sentindo assim, angustiado, não hesite em buscar ajuda.

E que fatores desencadearam essa depressão? Vários. E um deles foi a nota ruim em português. Eu era exigente comigo mesma. E minha mãe não admitia notas baixas. O professor que lecionava essa disciplina era bem rigoroso na cobrança de nossos deveres e no comportamento disciplinar, coisa que não vemos mais hoje em dia.

Hoje agradeço a esse professor por ter sido exigente conosco. Graças a ele, passei em quatro Faculdades! Ele me fazia estudar em dobro. Eu, portadora de dislexia, imagina como foi difícil para mim! E à época não se falava em TDHA, dislexia, hiperatividade, déficit de atenção. Todos eram tratados de modo igual. No meu caso, as dificuldades com a grafia de alguns fonemas ou na sua pronúncia eram tachadas de burrice mesmo ou traquinagem.

Mas, um fato que não mencionei e que merece ser contado é que, naquele período em que estávamos de mal a pior financeiramente, mais uma vez uma porta se abriu para nós. A diretora do meu colégio convidou minha mãe para trabalhar na escola. Consequentemente, além de ter um dinheirinho para comer, eu não pagava mais as mensalidades escolares. Olha aí a mão de Deus nos amparando!

23 de maio de 1991

Hoje já é quinta-feira e desde domingo não falo com Marinho, meu namorado. Confesso que fiquei péssima. Em casa é só pressão. Piorou muito quando minha mãe começou a trabalhar na minha escola. Ela me chama de irresponsável, devido minhas notas ruins, e me chama de criança o tempo todo. Sei também que sou burrinha, que não sou culta. Não sei dizer palavras bonitas e tenho muitos erros de português. Mas sei que um dia irei melhorar.

E melhorei! Embora continue cometendo erros de linguagem, estou sendo capaz de escrever este livro. Fiz curso de informática e formei-me em lógica. Passei em um concurso público e hoje aplico lógica na minha profissão. Ninguém é tão ruim que não possa contribuir com a produção de bens e serviços. Todos temos um lugar no mundo, uma aptidão. Tanto que, às vezes, era até explorada pelos colegas de classe, que me pediam as anotações que fazia em sala de aula, e também pelos amigos que, quando se sentiam sós, voltavam a falar comigo, depois de me deixarem de lado por tanto tempo.

1º de junho de 1991

Pois é! Completei 17 anos. E desta vez não vieram muitas pessoas da Igreja. Apenas os mais chegados compareceram à minha festa. Nem o sacerdote, que é meu padrinho de crisma, veio. Hoje estou no quarto de um alojamento. Minha comunidade está realizando uma etapa do Caminho. A aula de catequese é sobre a fé.

Meu Deus! Depois de duas semanas totalmente na fossa (na pior), pude perceber que não tenho fé. Mas Jesus nos diz que se tivermos um pouquinho de fé, ainda que seja do tamanho de um grão de mostarda, podemos realizar grandes obras...

Vejam o que extraí de *O Evangelho segundo o Espiritismo*, capítulo XIX, "A fé transporta montanhas":

> No sentido próprio, é certo que a confiança nas suas próprias forças torna o homem capaz de executar coisas materiais, que não consegue fazer quem duvida de si. Aqui, porém, unicamente no sentido moral se devem entender essas palavras. As montanhas que a fé desloca são as dificuldades, as resistências, a má vontade, em suma, com que se depara da parte dos homens, ainda quando se trate das melhores coisas. Os preconceitos da rotina, o

> interesse material, o egoísmo, a cegueira do fanatismo e as paixões orgulhosas são outras tantas montanhas que barram o caminho a quem trabalha pelo progresso da Humanidade. A fé robusta dá a perseverança, a energia e os recursos que fazem se vençam os obstáculos, assim nas pequenas coisas, que nas grandes. Da fé vacilante resultam a incerteza e a hesitação de que se aproveitam os adversários que se têm de combater; essa fé não procura os meios de vencer, porque não acredita que possa vencer.

Hoje estava assistindo a uma palestra sobre as diversas chances que temos ao longo das nossas várias jornadas e incrivelmente (nada é por acaso) o orador falou sobre sofrer por amor. Eu era uma jovem cheia de ilusões. Vivia em um mundo de fantasia, acreditando em príncipe encantado. E a decepção do primeiro amor dói bastante. Para mim era difícil acreditar.

Bom, nessa palestra o expositor disse mais ou menos o seguinte: É fácil descobrir onde temos que mudar, onde está nossa maior fraqueza, o nosso ponto vulnerável. Basta olhar para dentro de nós mesmos e fazer uma reflexão honesta e imparcial. O que mais lhe tem feito sofrer? O que mais castiga seu orgulho? E então descobrirá os pontos que devem ser mais trabalhados. Ou seja: "Onde está teu tesouro, ali está o teu coração".

Posso dizer agora que relacionamentos nunca foram meu forte. Casei grávida e sempre esperei muito do pai dessa criança. E isso é errado, pois cada um tem seu jeito de demonstrar amor. Ele é um homem honesto; não é mulherengo, é responsável, adora crianças, é um bom pai (apesar das divergências de criação que temos devido aos diferentes modelos de educação em que fomos criados).

Muitas qualidades, reconheço. Mas não é romântico! Afinal, que homem é romântico hoje em dia? Nunca tivemos uma noite romântica nem comemoramos aniversários de casamento. Nunca disse que me ama. Minto! Uma vez disse sim, sob efeito do álcool. Sei que são bobeiras, mas a mulher gosta de ouvir declarações de amor. E um conselho que dou a vocês: não deixem de fazer pelo seu amado o que você pode fazer hoje.

Aliás, naquele período, entrava em cartaz *Ghost - Do outro lado da vida,* que talvez tenha sido a melhor produção de Hollywood abordando relações entre os dois planos. Sam e Molly (personagens vividos por Patrick Swayse e Demi Moore) estão casados e vivem uma grande paixão, mas Molly se queixa do esposo por não ouvir dele um "Eu te amo". Eles conversavam sobre isso, caminhando pela rua, quando ocorre um assalto. Sam atraca-se com o assaltante, que está armado, e então há um disparo, atingindo Sam[42]. Do outro lado da vida, Sam fará tudo para fazer aquela declaração de amor, adiada por tanto tempo: "Eu te amo".

E vejam só! Meu marido teve um infarto e foi preciso implantar um *stent*[43]. Quando ocorre algo assim, você fica pensando naquelas brigas bobas que poderiam ter sido evitadas. Quantas coisas boas poderiam ter sido feitas ou programadas. E hoje talvez seja tarde demais para isso. Mas sigamos em frente, suportando nossas dores, resignadamente, a fim de manter a conexão com Deus, nosso Pai.

E é neste ponto que gostaria de colocar três questões de *O Livro dos Espíritos:*

> **166**. A alma que não atingiu a perfeição durante a vida corpórea, como acaba de depurar-se?
>
> – Submetendo-se à prova de uma nova existência.
>
> **166-a.** Como realiza ela essa nova existência? Pela sua transformação como espírito?
>
> – Ao se depurar, a alma sofre sem dúvida uma transformação, mas para isso necessita da prova da vida corpórea.

---

42 *Ghost - Do outro lado da vida.* O filme está disponível na plataforma Netflix.

43 *Stent* é uma espécie de anel que os cirurgiões utilizam para abrir as artérias, a fim de evitar obstruções ao fluxo sanguíneo. **N.R.**

166-b. A alma tem muitas existências corpóreas?

– Sim. Todos vivemos muitas existências. Os que dizem o contrário querem manter-vos na ignorância em que eles mesmos se encontram. Esse é o seu desejo.

166-c. Parece resultar, desse princípio, que após ter deixado o corpo a alma toma outro. Dito de outra maneira, que ela se reencarna em novo corpo. É assim que se deve entender?

– É evidente.

CAPÍTULO 43

A fé transporta montanhas (2)

22 de junho de 1991

Desabafo escrevendo. Não quero piedade, só quero que da minha vida tirem algo bom. Gostaria que com as minhas experiências, as pessoas pudessem viver melhor. Sei que muitos jovens não acreditam, e muitas vezes se revoltam. Temos de ter fé em que um dia tudo vai passar.

Posso dizer, meus queridos, que foi na doutrina espírita que tive as respostas que procurava. Foi tão consolador perceber que estou aqui com a esperança da mudança, que estou aqui reparando algo, sendo provada ou apenas sendo testemunho. É tão consolador ver que realmente nesta existência não fiz nada assim tão ruim, mas que devo ser forte para passar e realizar a minha trajetória da melhor maneira, até o fim, pois a vida continua, e tenho certeza que o meu chamado de mudança é para agora e não para a próxima.

Temos muito trabalho pela frente, e essas dores de relacionamentos não são nada comparadas ao amor infinito de Deus. Mas somos tão pequenos que nos agarramos a esses sentimentos e não deixamos que o nosso Paizinho nos console. Estamos sempre esperando o amor carnal, que não supre nossas carências, porque é superficial.

Minha avó está morrendo e eu tenho de levá-la para andar até o banheiro, até a cozinha, ajudá-la a tomar banho, ajudá-la a pôr a comida na boca. Algumas vezes deixo de comer a mistura para dar para minha vó, que precisa muito mais que eu neste momento.

Só para explicar um pouquinho: minha avó era uma pessoa muito ativa, morou conosco desde que me conheço por gente. Como meu avô já era falecido, meu pai chamou-a para morar conosco, e ela desde então ajudou minha mãe na nossa educação e se responsabilizava pelo almoço de casa. Ela fazia seus exercícios quando deitava, sempre muito animada. Não reclamava de nada. E sempre que lhe perguntava se estava bem, ela respondia que sim, completando com um "graças a Deus".

Ela teve o primeiro derrame logo depois do problema cardíaco, que narramos anteriormente, e isso debilitou seus movimentos. Com isso, assumi o almoço, além de cuidar dela. Mas sua mente a essa época ainda estava ativa. Então, apesar de minha irmã ser a sua queridinha (sem maldade!), eu que estava sempre com ela. À época ainda não trabalhava. Por isso tinha mais tempo para cuidar dela.

3 de julho de 1991

Hoje estou aqui no meu canto, nem triste, nem alegre. Apenas estou. Digo hoje, pois o hoje eu conheço; o amanhã não sei. Amanhã posso ver meu ex-namorado e novamente ficar down. Mas hoje estou a fim de falar sobre as coisas que estão aparecendo e como Deus age em nossas vidas.

A primeira coisa que aconteceu foi a minha irmã entrar na USP. Com isso, não precisávamos mais pagar seus estudos. A segunda coisa foi que minha mãe conseguiu emprego no meu colégio. Portanto, mais algo sem precisar pagar. E a terceira foi: conseguimos comprar um carro. Não é um carro do ano, mas, depois de dois anos a pé, já foi uma conquista.

É engraçado o fato de darmos valor ao que temos sempre depois que perdemos determinado bem. Não suportava andar de fusca, achava vergonhoso. E quando precisamos usar o fusca do meu tio para fazer mercado, dei graças a Deus, pois carregar as compras sem carro ou precisar sair correndo para um hospital com uma pessoa que não consegue se locomover direito (no caso, minha vó), sem carro, não é fácil. Só quem não tem, sabe como é.

Mas isso é a mentalidade de um adolescente. Apesar de não ser rica, sabia que tínhamos bastante, pois muitos não têm a sorte que eu tive de ter um carro. Muitos passam por emergências médicas em hospitais públicos sem um carro. Muitos acordam às 3h ou 4h da manhã para ir ao trabalho, dependendo de trem e ônibus. Eu era privilegiada. E ainda não sabia.

É claro que queria ter o carro do ano, as roupas da moda e de marca, as canetas importadas e demais coisinhas, como a maioria da garotada da minha classe. Tinha as minhas vontades, mas como percebi que aquilo não ia acontecer, tentei viver da melhor forma possível. E sei que tenho o que muitos não têm: a paz. Não sinto o vazio que a maioria tenta preencher com coisas materiais, pois sei que tudo é passageiro. Ter dinheiro, ou o fato de ter algo do momento, ou ser alguém importante ou com determinada posição, não preenchem esse vazio que a maioria das pessoas sentem. Portanto, considero-me uma pessoa feliz, apesar dos meus momentos de crise (risos).

CAPÍTULO 44

Do átomo ao arcanjo

23 de agosto de 1992

Depois de um ano e pouco, volto a escrever, por um motivo meio que claro. Eu me sinto sozinha e, como não quero mais me desabafar com amigos, sei que escrevendo não ouvirei de ninguém que sou problemática demais, que vivo triste. Assim, tentarei não mais me abrir com as pessoas como já fiz.

Tanta coisa aconteceu, que nem sei por onde começar. Uma dessas coisas foi o rompimento com o namorado. Fui trocada por uma menina mais velha, de 19 anos. Sinceramente, mais feia que eu, mas com mais dinheiro. Eles estão até hoje juntos; e eu, sozinha.

Vejam, amigos! Fiquei mais de um ano sem escrever! Isso significa muita coisa. Agora, vamos aos fatos. Com certeza a minha rival deveria ser bem melhor que eu, pois, "beleza não se põe na mesa", como minha vó mesmo me falava. E mais uma coisa: eles se casaram, logo depois do meu casamento. A impressão que deu foi que acabei desencadeando os casamentos em toda a patota da Igreja. Como ele viu que não teria mais jeito, acabou se casando também. Mas é lógico que o nosso destino não era ficar juntos. Ele não gostava de mim.

Mas vou dar um salto no tempo, porque muitas memórias grafadas nesse diário podem ficar apenas comigo e não iriam contribuir para este livro. Seria chover no molhado. Vamos então para maio de 1992.

> *A verdade sempre aparece e, mesmo que não apareça, saiba que a Justiça Divina não falha. Quando entrei para o Serviço Público, fui bem armada, mas com receio de confiar nas pessoas. Além da fase da adolescência, no meu primeiro emprego na área passei por mais uma difamação, que me levou à mudança de setor.*

Antes da licença-maternidade, estava lotada em escritório do cliente da empresa, para a qual trabalhava. Como eu e minha colega fizemos um bom serviço, ao terminar o contrato, quando voltei da licença-maternidade, meu chefe deixou eu escolher qual área eu gostaria de trabalhar. Acabei escolhendo a área de rede, mas infelizmente nesse setor havia um rapaz mais antigo, que ficou receoso com a minha presença, devido à confiança que meu chefe depositava em mim.

Até aí tudo bem. Faz parte do mundo corporativo. Mas tudo na empresa começou a mudar. Devido à reestruturação, muitos funcionários, principalmente aqueles com mais de 15 anos de casa, começaram a ser demitidos. E um deles foi meu chefe. Nossa! Ele foi mais que um chefe para mim. Era um verdadeiro líder. Conseguia manter a equipe unida e todos trabalhavam por prazer. Até hoje sigo seus exemplos. Pois um bom chefe não é aquele que manda, mas sim que está à frente inspirando e incentivando seus liderados.

Mas, com a sua saída, todos começaram a ficar inseguros, pois não sabiam quem seria o próximo a ser mandado embora. E pode ter certeza: quando alguém se sente ameaçado, ele vai se defender com unhas e dentes, não se importando com quem estiver do lado. Com o tempo entendi essa reação do ser humano. É como se reacendesse em nós instinto animal, de defender a caça abatida, a prole, o território.

Em *O Livro dos Espíritos* lemos que o princípio inteligente dorme no reino mineral, sonha no reino vegetal, agita-se no reino animal e desperta no reino hominal, no qual progride até alcançar a condição de espírito puro. Dizem os benfeitores da codificação que a trajetória do princípio inteligente vai do átomo ao arcanjo.

Desses vários estágios, pelos quais passamos, ainda temos resquícios dentro de nós. Treinamos a obediência na vida vegetal. No mundo animal, desenvolvemos os instintos. Mas como seres humanos aprendemos a reagir, não com o instinto, mas sim com a razão.[44] E um dos grandes desafios do homem é domar esses instintos, que nos faz agir impulsivamente, abdicando da razão.

E foi o que aconteceu. Esse rapaz, que era alcoólatra, chegava quase todas as noites exalando aquele odor característico. Eu, porém, fingia que não via. E, mesmo sendo questionada pelo meu novo chefe sobre seu comportamento, eu dizia que não percebia nada. Mas nem sempre a gente, tentando ajudar, será ajudada de imediato, pois sei o quanto a Providência Divina já me amparou e resolveu muitos problemas para mim.

---

44 O princípio espiritual dorme no mineral, sonha no vegetal, agita-se no animal e desperta no homem. Por trás dessa imagem poética está a linha de evolução do ser. O pensamento, embora tenha sido usado por Léon Denis, em sua obra *O problema do ser, do destino e da dor,* é de tradição antiga. A afirmação de Denis, considerado o filósofo do espiritismo, é exatamente: *"Na planta, a inteligência dormita; no animal, sonha; só no homem acorda, conhece-se, possui-se e torna-se consciente"*. **N.R.**

Em uma tarde, estava sozinha na operação de redes quando, devido às fortes chuvas, várias conexões de uma empresa brasileira de grande porte caíram. Seguindo o protocolo, dei prioridade às unidades que não tinham redundância. E ficou faltando uma. Essa unidade era pequena. O *link* redundante entrou no circuito, porém, não foi suficiente para restabelecer a rede. Além de não ter achado o procedimento certo para acionar a operadora.

Estava seguindo a fila de prioridades, quando fui chamada pela responsável da empresa. E fui advertida de que minha atitude era inapropriada. E eu não estava cumprindo os protocolos corretamente. Mesmo argumentando o contrário, não consegui convencê-la. O meu colega de trabalho foi consultado, e este eximiu-se das responsabilidades. Foi a gota d'água para o pote transbordar. Na semana seguinte, fui transferida para outra unidade da empresa. Eu poderia ter recorrido, e talvez as consequências recaíssem no meu superior e sua família talvez sofresse mais do que eu. Aceitei a transferência e acabei indo para um setor onde pessoas boas me estenderam a mão.

CAPÍTULO 45

Alma gêmea

1º de setembro de 1992

Ontem liguei para o Guto. Ele é meio que meu refúgio. Quando me sinto só, ligo para ele. E ele nunca é grosso comigo. O papo com ele é tão gostoso! Desta vez até sobre sexo antes do casamento. Ele não me condena pelo fato de querer casar virgem. Ele é diferente dos outros caras, que se importam com isso.

Sim. Guto era um refúgio. Acabei usando-o como nova muleta. Sempre que estava carente, eu o procurava, apesar de querer ser apenas amada. Quem não quer, nessa idade? Ele era gentil e inteligente, tinha um papo muito agradável. Adorava sua companhia. Tinha com ele algo estranho. Quando batia saudades, ele me ligava. E vice-versa… Coisas que a sintonia explica. Mas a forma de como estava fazendo era errada. E isso com o tempo foi me consumindo.

Não quero dizer que éramos como "almas gêmeas". Porque ninguém é metade de alguém. Porque, se assim fosse, Deus nos teria criado incompletos. O que existe é almas afins, que se entendem e se harmonizam, talvez porque já tenham atravessado muitas jornadas juntos. Mas saiba: Deus nos criou a todos únicos! Mas, poeticamente falando, podemos dizer que "fulano e ciclano são como almas gêmeas".

Vejamos *O Livro dos Espíritos*, questões 298, 299.

> **Q. 298.** As almas que devam unir-se estão, desde suas origens, predestinadas a essa união e cada um de nós tem, nalguma parte do Universo, sua metade, a que fatalmente um dia se reunirá?
>
> Não; não há união particular e fatal, de duas almas. A união que há é a de todos os espíritos, mas em graus diversos, segundo a categoria que ocupam, isto é, segundo a perfeição que tenham adquirido. Quanto mais perfeitos, tanto mais unidos. Da discórdia nascem todos os males dos humanos; da concórdia resulta a completa felicidade.
>
> **Q. 299.** Em que sentido se deve entender a palavra *metade*, de que alguns espíritos se servem para designar os espíritos simpáticos?
>
> A expressão é inexata. Se um espírito fosse a metade de outro, separados os dois, estariam ambos incompletos.

Temos na História exemplos de casais que demonstravam uma relação harmoniosa e de profunda cumplicidade. Allan Kardec teve ao longo de sua missão o apoio e o carinho extremados de sua esposa Amélie-Gabriele Boudet. Outro exemplo é do casal Pierre Curie e Marie Curie, notabilizado por suas pesquisas sobre a radioatividade e devotamento à ciência. Mas também há outros tantos, anônimos, que vivem ou viveram uma vida inteira juntos, em harmonia.

4 de setembro de 1992

Acordei triste sem vontade de levantar. Já recebi meu salário e não sobrou nada para mim. O que mais me dói é ver os olhos de minha mãe. Tantas foram as vezes que não tínhamos dinheiro para fazer mercado, e do nada aparecia um dinheirinho embaixo de nossa porta. Ou mesmo era a comunidade O Caminho, que fazia uma vaquinha e nos entregava alguma soma.

20 de setembro de 1992

Hoje foi complicado. Minha mãe me disse que tem pena de mim por ela achar que quero o amor de todo mundo. Não sou forte, não estou forte. Será que tenho que mostrar que sou forte para todos? Tenho que ser luz no caminho dos outros?

Jesus disse: Faça brilhar a tua luz! Ora, para fazer brilhar a nossa luz, é preciso ser um farol, ou ao menos um palito de fósforo aceso na escuridão. Então, vamos ter de produzir essa luz. E isso se faz lapidando a si mesmo. Somos uma pedra bruta, mas que, se for bem burilada, poderá ser um diamante. Então seremos luz, energia, para iluminar e aquecer os corações.

CAPÍTULO 46

Fumando atrás da igreja

28 de setembro de 1992

Sábado, depois da Eucaristia ia rolar uma comemoração de introdução dos novos bebês, passagem tradicional do Caminho, comunidade que frequento. Enquanto todos estavam dentro da sala, que chamamos cripta, eu e algumas amigas estávamos do lado de fora, conversando. Eu pedi então o maço de cigarros que estava com a Carlinha. Meu irmãozinho viu e foi correndo contar para minha mãe.

Sim! A essa época comecei a fumar, mas hoje em dia não fumo mais. Não tinha o hábito de comprar cigarros, para não me viciar, mas é claro que estava cometendo uma agressão aos meus pulmões. Eu poderia me desculpar aqui alegando que é preferível fumar do que falar mal da vida alheia, prejudicar as pessoas e outras coisas. Mas isso não justificaria meu vício! Da mesma forma, não se pode aceitar de um beberrão a desculpa:

"Eu bebo sim, e estou vivendo. Tem gente que não bebe e está morrendo", frase que virou até samba. – Quem não bebe pode morrer cedo, é verdade. Mas não foi da bebida – completaremos de nossa parte.

Hoje, mais do que antes, estou certa de que todo vício faz mal. Fumar prejudica a saúde, porque a nicotina do tabaco leva também mais de 400 outras substâncias cancerígenas. No aspecto espiritual, os danos não são menores. As lesões nos pulmões, vias respiratórias, boca e garganta deixam marcas também nos tecidos sutis do perispírito e vão repercutir no corpo que teremos em nova encarnação. Muitos nascem com bronquite, asma e outra deficiência respiratória e não sabem por quê. Além disso, o fumante, os adictos em geral, mesmo depois de desencarnados continuam sentindo necessidade do tabaco e procuram conseguir uma tragada, pegando carona com os fumantes encarnados. A esse tipo de obsessão, em que um espírito "nutre-se" dos fluidos de outro, qual a planta parasita que se alimenta da seiva de outra, André Luiz denominou vampirismo.[45]

Posso dizer que quando estava quase com 40 anos acabei ficando com problemas respiratórios. Vira-e-mexe, tenho falta de ar. O estopim foi um vírus que durou quase seis meses para curar. Nenhum médico conseguiu isolar o vírus ou mesmo ver a real causa do problema, mas durante esse período não conseguia dar cinco passos sem ter falta de ar. E até hoje tenho alguns episódios com menor frequência, mas ainda sofro com esse problema respiratório.

Foi o caos! Minha mãe falou que eu tinha que tirar minhas máscaras para o pessoal da Igreja, mostrar a todos que eu não era santa, que eu fumava, que eu isso e aquilo.

---

45 Em *Nosso Lar*, livro psicografado por F. C. Xavier, o autor espiritual André Luiz narra um caso típico de vampirismo. **N.R.**

Acabei mentindo, dizendo que o cigarro era da Carlinha. Piorou. Porque tive de ir à casa da minha amiga para esclarecer tudo. A mãe da Carlinha não me censurou. Mas desaprovou o vício do cigarro.

Mas para minha mãe isso foi um golpe. Ela se preocupava muito com o que os outros pensavam de nós. Na Igreja sempre precisávamos ser o exemplo. Éramos as sobrinhas do sacerdote. Só para você imaginar a ligação que tínhamos com o sacerdote da paróquia ou mesmo com essa comunidade! Por isso, coitadinha, ela se preocupava desse jeito.

Vendo de fora, eu posso dizer que eu encrencava bem com a minha mãe. Hoje, com meus três filhos, posso dizer que para eles sou a descontrolada, a louca, a fraca, que não sei de nada, entre outras "qualidades" a mim atribuídas. E analisando o que passei e o que fui, acho que hoje entendo mais como é ser mãe.

E como nossos filhos passam por coisas parecidas que passamos quando jovens, ou seja, conflitos, diferenças de ideias, e assim eles vão se formando como indivíduos únicos, diferentes dos pais. Eles estão em busca de si mesmos, de autoafirmação. Com o tempo também entenderão seus pais e perceberão que estamos igualmente sujeitos ao erro, mas que estão tentando fazer o melhor por seus filhos.

Como comentei anteriormente, tive muitos problemas com meu filho mais velho e costumava colocar-me como vítima. Hoje entendo perfeitamente. Não fui santa. E estamos um aprendendo com o outro. Se eu não tivesse tido a experiência com meu filho mais velho, como consolaria os pais das crianças da Evangelização que estão sob minha responsabilidade? Se não tivesse passado por tantas experiências, eu saberia entender os jovens de hoje?

Por isso sou grata pelas coisas boas que me aconteceram. E também pelas coisas más. Nesse esforço, as leituras de *O Livro dos Espíritos* foram fundamentais para me confortar e esclarecer, como as questões que transcrevo a seguir.

Q. 385. Qual o motivo da mudança que se opera no seu caráter a uma certa idade, e particularmente ao sair da adolescência? É o espírito que se modifica?

É o espírito que retoma a sua natureza e se mostra tal qual era. Não conheceis o mistério que as crianças ocultam em sua inocência; não sabeis o que elas são, nem o que foram, nem o que serão; e, no entanto, as amais e acariciais como se fossem uma parte de vós mesmos, de tal maneira que o amor de uma mãe por seus filhos é reputado como o maior amor que um ser possa ter por outros seres. De onde vêm essa doce afeição, essa terna complacência que até mesmo os estranhos experimentam por uma criança? Vós sabeis? Não; e é isso que vou explicar.

As crianças são os seres que Deus envia a novas existências e, para que não possam acusá-lo de demasiada severidade, dá-lhes todas as aparências de inocência. Mesmo numa criança de natureza má, suas faltas são cobertas pela não-consciência dos atos. Esta inocência não é uma superioridade real, em relação ao que elas eram antes; não, é apenas a imagem do que elas deveriam ser, e se não o são, é sobre elas somente que recai a culpa.

Mas não é somente por ela que Deus lhe dá esse aspecto, é também e sobretudo por seus pais, cujo amor é necessário à fragilidade infantil. E esse amor seria extraordinariamente enfraquecido pela presença de um caráter impertinente e acerbo, enquanto, supondo os filhos bons e ternos, dão-lhes toda a afeição e os envolvem nos mais delicados cuidados. Mas quando as crianças não mais necessitam dessa proteção, dessa assistência que lhes foi dispensada durante quinze a vinte anos, seu caráter real e individual reaparece em toda a sua nudez: permanecem boas, se eram fundamentalmente boas, mas se irisam sempre de matizes que estavam na primeira infância.

Vedes que os caminhos de Deus são sempre os melhores, e que, quando se tem o coração puro, é fácil conceber-se a explicação a respeito.

Com efeito, ponderai que o espírito da criança que nasce entre vós pode vir de um mundo em que tenha adquirido hábitos inteiramente diferentes; como quereríeis que permanecesse no vosso meio esse novo ser, que traz paixões tão diversas das que possuís, inclinações e gostos inteiramente opostos aos vossos; como quereríeis que se incorporasse no vosso ambiente, senão como Deus quis, ou seja, depois de haver passado pela preparação da infância? Nesta vêm confundir-se todos os pensamentos, todos os caracteres, todas as variedades de seres engendrados por essa multidão de mundos em que se desenvolvem as criaturas. E vós mesmos, ao morrer, estareis numa espécie de infância, no meio de novos irmãos, e na vossa nova existência não terrena ignorareis os hábitos, os costumes, as formas de relação desse mundo, novo para vós, manejareis com dificuldade uma língua que não estais habituados a falar, língua mais vivaz do que o é atualmente o vosso pensamento.

A infância tem ainda outra utilidade: os espíritos não ingressam na vida corpórea senão para se aperfeiçoarem, para se melhorarem; a debilidade dos primeiros anos os torna flexíveis, acessíveis aos conselhos da experiência e daqueles que devem fazê-los progredir. É então que se pode reformar o seu caráter e reprimir as suas más tendências. Esse é o dever que Deus confiou aos pais, missão sagrada pela qual terão de responder. É assim que a infância é não somente útil, necessária, indispensável, mas ainda a consequência natural das leis que Deus estabeleceu e que regem o Universo.

Jovem! Isso não quer dizer que você é um ser abominável (risos). Mas sim que você teve essa linda oportunidade de estar vivo para se aperfeiçoar na família onde você está, mesmo não sendo dentro dos moldes da sociedade, com papai e mamãe perfeitos.

CAPÍTULO 47

Eu e minha irmã

9 de outubro de 1992

As coisas estão estranhas e confusas. Estou aqui cumprindo o aviso prévio (pedi demissão do emprego) e escrevendo. Faltam dois meses para o vestibular; preciso passar na faculdade. Em casa, sinto que a família está se desfazendo. Meu irmãozinho, a quem era mais ligada, anda diferente comigo. E minha irmã, nem se fala. Continua grosseira de doer. Mas com o namorado ela se desdobra e faz tudo o que ele manda.

Durante o namoro, o rapaz só vê qualidades na amada. E ela, por sua vez, não vê defeitos no seu namorado. E só vão se conhecer de fato na vida a dois. Então aparecem os desentendimentos. Minha irmã ficou namorando esse rapaz por quase 17 anos. Fazia de tudo pelo namorado! Lembro que ele não entrava em casa para pegá-la. Não se esforçou em estabelecer algum vínculo afetivo conosco. E pobre da minha irmã se chegasse atrasada para um encontro! Sempre tinha de sair correndo para o portão, porque ele não admitia ter de ficar esperando.

Bom, depois desses anos todos, rompendo e reatando, eles se casaram. Ele é uma pessoa complicada. Em vez de somar com a nossa família, depois de casado tentou isolar mais ainda a nossa irmã, afastando-a da gente. Mas aconteceu o contrário: parece que minha irmã, depois de casada, quis recuperar tudo que ela havia deixado para trás. Buscou redimir-se das muitas vezes em que havia abandonado a família e se ligou mais a minha mãe. Quanto a isso, acho maravilhoso!

E o rapaz queria apenas minha irmã, sem envolvimento com a família da noiva. E isso é um erro. Hoje ele tem de engolir a todos nós, porque minha irmã se tornou mais ligada às suas origens. O que não conseguiu durante o namoro, ela conseguiu depois do casamento.

Na *Bíblia* há duas menções sobre o casamento. Uma delas é: "Abandonarás pai e mãe para formar uma nova família". Porém, muitos levam ao pé da letra, ao extremo, e se esquecem que a nova família é um braço, uma extensão, da antiga. Agem como se não tivessem mais obrigações com os pais, sogro e sogra. A segunda é: "Benditos aqueles que acolhem seus pais na velhice". Não parece contraditório?

Por isso, é preciso levantar o véu da letra e captar a essência, o espírito. Deve-se ter prudência e agir em tudo com equilíbrio. Ajudar sempre e nunca abandonar aqueles que nos permitiram renascer no mundo. Quando casamos, formamos nova família e, com ela, repetiremos as mesmas obrigações que devíamos à família que nos serviu de berço.

Minha irmã fez o contrário. Fugia das obrigações domésticas, como cuidar de minha vó, e ia encontrar-se com o namorado, ignorando os problemas que ficavam no lar. Deveria, em vez disso, atrair o namorado para dentro de casa para que conhecesse mais da sua futura parentela. Seria também uma prova de amor. Se ele realmente gostasse dela, iria somar esforços para solucionar as dificuldades que sua amada estava enfrentando no seio familiar, em vez de afastá-la dos seus deveres de filha. O amor verdadeiro implica cumplicidade. É uma troca: um pelo outro.

E o resultado disso é que ainda hoje o casal enfrenta muitos conflitos. Ela mostrou-se quem era de verdade. E, é claro, ninguém gosta de grosserias. Mas ao ser diagnosticada com câncer, minha irmã modificou sua conduta, ainda que de forma leve. Espero que seja um despertar e continue assim.

Mas, continuando. Àquela época eu cuidava da minha vó. Minha irmã, depois que arranjou emprego, saía quase todo final de semana. Não tenho ressentimento disso. Cada um dá o que pode ou o que tem. E muitos simplesmente não conseguem dar mais. Eu acabei nem indo ao casamento dela. É verdade! Aconteceu que quando eles marcaram o casamento, eu estava grávida da minha filha. E apesar de ter avisado que a data cairia bem na época do seu nascimento, eu ouvi do meu cunhadinho: "Se ficarmos adiando por qualquer motivo, não vamos nos casar nunca"!

Tudo bem! Eu, irmã da noiva, acabei sendo esse "qualquer motivo". Mas o que aconteceu nem foi de propósito. Logo que minha filha nasceu, ela apresentou bronquiolite e precisou ficar internada e permaneceu em coma induzido por 20 dias na UTI neonatal. Ao retornar para casa, o meu filho do meio ficou com febre bem no dia do casamento dela.

Como o casamento seria realizado na praia, teríamos de descer a Serra do Mar viajando com um bebê recém-saído do hospital, com menos de um mês, além de outra criança de 3 anos com febre alta. Fiquei apreensiva. Quando a febre surgiu, achei que seria mais apropriado ficar mesmo em casa. E foi o que fiz.

Escrevi uma carta dizendo sobre as obrigações de um casamento e o quanto eu sentia por não estar lá. E foi assim. Mas acho que o sonho dela foi realizado, apesar de agora estar em uma crise que, para sair, só por Deus.

Hoje, toda aquela raiva de irmãos, pelas grosserias, nada me afeta mais. Simplesmente passou. Amo minha irmã do jeito que ela é. Não me importo se ela me trata bem ou mal, conquanto ela venha me tratando de modo diferente do que fazia antes de se casar. Tento ficar mais perto e ajudá-la no que precisa.

A vida é uma passagem tão rápida, mas tão rápida, e não vale a pena ficar guardando ressentimentos. Alguns desistem de tudo; outros tentam lutar por mais uma oportunidade. E este é o caso de minha irmã, quando foi surpreendida com um câncer.

Sei que é duro para uma mãe ver os filhos nessa discórdia total. Nossa! Como é duro. Este final de semana vivi isso na pele. Meus meninos se detestam. Sei que é temporário, como ocorreu entre mim e minha irmã, mas ver um tendo tanta raiva do outro, isso dói demais.

CAPÍTULO 48

Amparo Maternal

29 de julho de 1993

Já tenho 19 anos. Os traumas estão mais amenos. Uma das coisas que muito me ajudou foi o trabalho de voluntariado no Amparo Maternal, uma instituição filantrópica com 80 anos de história em acolhimento social e assistência à saúde materno-infantil. Nasceu com a proposta de albergar gestantes que não tinham um local digno para dar à luz. Muitas delas vivendo nas ruas da cidade.

Vestibulares, festas de fim de ano, carnaval. Preferi suprimir as páginas que escrevi nesse período para não cansar vocês, meus leitores. E estou saltando já para meados do ano de 1993. Mas a diferença é que agora estava na faculdade, cursando processamento de dados. Meu amigo do Cursinho trabalhava na área e eu me interessei. Como a faculdade envolvia lógica, como uma das disciplinas curriculares, achei que eu ia me dar bem. E cá estou eu na profissão há quase 23 anos!

Outra coisa boa que me ajudou a vencer meus traumas foi meu trabalho de voluntária na instituição Amparo Maternal. Um amigo do Inglês, um quase irmão, fez o convite para trabalhar com ele. Eu aceitei. Por meio desse trabalho pude perceber que tem casos bem piores que o meu. Que ainda não sabia de nada da vida, que vivia no meu mundinho perfeito.

Conheci casos de meninas de 15, 16 anos grávidas por abuso sexual, ou mesmo expulsas de casa por estarem grávidas e que nem sabiam quem era o pai. Soube de casos de crianças de 12 ou 13 anos, abusadas e engravidadas pelo próprio pai, todas amparadas nesse local.

Uma vez por semana íamos reunir as jovens e líamos uma página edificante. Muitas desabavam a chorar e eu que nem era catequista nem nada me via na função de ampará-las. Muitas só queriam ser ouvidas. E nós só precisávamos dar o nosso tempo. E que mesmo hoje sabendo que tudo tem um porquê, não podemos ser indiferentes ao problema dos outros. Precisamos estender mais a nossa mão.

Para você que entrou em depressão, recomendo o trabalho voluntário. É um santo remédio, porque nos tira da zona de conforto, da autopiedade e nos faz olhar mais para o lado e ver que não estamos sozinhos e que podemos ser úteis a alguém.

O voluntariado me fez pensar no próximo distante. E me preparou também para olhar o próximo mais próximo – vovó. Ela iria precisar muito de mim nos seus últimos anos nesta existência.

CAPÍTULO 49

Eu e vovó

Abril de 1994

Há quase três anos eu cuido da minha avó. Acabei tomando-a como "meu bebê", por ela ter ficado totalmente dependente de mim. Uma filhinha de 87 anos! Desde dezembro do ano passado até abril deste ano, ela vem piorando. Ultimamente vem repetindo a mesma frase infinitamente: "Abre a porta, Alice".

Posso explicar. Tivemos uma vizinha chamada Alice que sempre nos ajudou em tudo. Até comida ela trazia, às vezes. Minha avó me chamava de Alice. Não me reconhecia mais. E mesmo a porta da sala estando aberta, ela não a enxergava. Como ela tinha momentos de lucidez, que foram ficando cada vez mais raros, em um desses momentos eu perguntei que porta era aquela. E ela respondeu que era a porta do céu. Senti que o seu fim estava chegando.

Em fevereiro daquele ano de 1994, ela foi internada pela primeira vez e acabou tendo que amputar um dos dedos do pé, devido à diabetes e falta de circulação. E olha que em casa não entrava doce, além de fazermos o regime certinho para ela. O médico de plantão era o doutor Paulo, um jovem médico de 33 anos, e isso me deixou um pouco receosa. Mas Deus estava no comando!

Doutor Paulo acabou convivendo um pouco com a minha família, pois ao sair do hospital ele fazia atendimento em casa. Percebi que ele queria abraçar o mundo na sua profissão, sem se preocupar muito com a parte humana. Não estava tão errada. Depois de um tempo, até diretor de hospital ele virou. Acho que estava mais para gestor de hospital do que para médico.

Antes de minha avó ser internada, pensei muitas vezes em desistir. Para mim era uma rotina forte. Eu acordava cedo, tirava-a da cama e a ajudava a descer as escadas, pois, no começo ela ainda andava com a nossa ajuda. Parávamos no sofá da sala de televisão para ela descansar um pouquinho e após isso íamos para a cozinha, a fim de servir-lhe o café da manhã. Às vezes eu a levava direto para o banho e, só depois, íamos para a cozinha.

Era meu bebezinho! Vovó não tomava mais banho sozinha, não comia sozinha, não fazia mais nada sozinha. Mas por ela eu recomeçava a cada manhã, pois dependia de mim para tudo. Ninguém de casa teve coragem de fazer os curativos do dedo amputado. Então, lá estava eu todos os dias limpando o corte com gaze e soro; depois, cobria-o novamente.

Eu acabava dormindo em um colchão ao lado para poder lhe dar o suporte de que precisava durante a noite. No período da manhã levava vovó ao quintal para tomar um solzinho, enquanto eu dava aula particular, sempre com a antena ligada, pois não podia me descuidar. Esse dinheirinho das aulas, mesmo pouco, ajudava nos gastos de casa.

Estava tudo certo para eu viajar neste feriado de carnaval. Iríamos pela primeira vez com a turminha de praia para a Jureia. Seria uma viagem ecológica do jeito que eu amo. Porém, minha avó foi internada na semana do carnaval.

E foi nesse momento que pedi a Deus com todas as minhas forças para ter mais uma chance com minha vó, pois achava que não havia cuidado dela com todo o cuidado que merecia. E acho que Ele me ouviu, porque vovó ficou mais dois meses conosco. Deixou o hospital e voltou para casa, mas estava um pouquinho pior que antes. Não conseguia mais andar, nem com a nossa ajuda. Não queria ficar sozinha nem por um segundo. Sempre que alguém passava, vovó esticava a mãozinha para parar. Ficávamos então do lado dela, aguardando. Era como um cachorrinho implorando carinho.

Sei que é difícil essa fase. Mas foi através desses testemunhos que percebi quanto o idoso pede por carinho e atenção! No final da vida, muitas vezes, ele fica esquecido como um móvel imprestável, ignorado pelos entes queridos. Isso deve doer mais que a dor nos ossos e músculos E onde eu ia, levava-a comigo. Se estivesse na cozinha, deixava-a perto de mim, na cadeirinha. Quando ela cochilava, eu subia as escadas correndo, para os quartos, a fim de estender os lençóis e arrumar as camas e voltar logo para o lado dela.

Depois de dois meses ela teve trombose e tivemos que interná-la novamente. Fiquei dez dias direto no hospital. Voltei apenas duas vezes para dormir em casa. Era: do hospital para a faculdade, que ficava a dois quarteirões. E assim ia seguindo. Tinha noites que passava acordada para controlar o conta-gotas, pois não tinha como estancar o fluxo dos antibióticos. Até sangue ela teve que receber[46]. As noites eram frias e longas. Via os carros na rua, o letreiro luminoso de um hotel piscando, o pôr do sol e também o alvorecer. Sempre a mesma paisagem, que parecia fazer o tempo andar mais devagar.

46 *Àquela época esse processo não era automático e tínhamos que cuidar do gotejamento.*

Pensava que não ia aguentar uma segunda internação. No fundo sabia que, se fosse internada mais uma vez, ela não voltaria. Mas Deus ampara os aflitos. E a força me veio. No hospital, a trombose estacionou; mas ela parou de evacuar. Suspeitavam de hemorragia interna. Ela estava tão sensível, que em qualquer região do corpo, que fosse tocada, logo se formava um hematoma.

No dia 15 de abril minha avó teve um momento de lucidez, um lampejo. Parecia aquela de antigamente, rindo, perguntando dos namorados, e contando casos do passado. Eu adorava ouvir suas histórias. Dizem que é a melhora da morte.

Foi essa imagem e esse momento que guardei na minha memória. Percebi que o meu neném começou a ir embora. Ao mesmo tempo que estava feliz por vê-la bem, vinha um frio no estômago que me dizia para eu me preparar. Comecei a alertar minha mãe e meu irmãozinho devagarzinho. Quanto a mim, nada me abalava. Estava como uma rocha. Na hora certa a força veio, para acalmar minha família.

Logo depois o quadro de vovó era estável. A hemorragia foi sanada e, já de alta marcada, pegou uma pneumonia hospitalar. No dia 16, após repentina melhora, começou tudo novamente. Desligou-se do mundo real e voltou a falar coisas sem nexo. Não queria mais comer. Nisso comecei a ficar desesperada, pois sabia que, se ela não comesse, morreria logo.

No dia 18 conseguimos lhe dar um pouco de sopa. Ela estava calma, serena, parecendo saber o que vinha. No dia seguinte não mais acordou. Com febre de 38 graus, diagnosticaram pneumonia hospitalar. Seu médico entrou no quarto, sentou ao meu lado e começou a questionar se minha família tinha se pronunciado sobre uma possível entubação, no caso de uma parada respiratória.

Nesse momento senti a vida da minha avó nas minhas mãos. Como já sabia o que minha mãe pensava quanto a esse prolongamento artificial da vida, porque já havia enfrentado esse dilema na doença de papai, eu tomei a decisão pela família. O estado de vovó era irreversível. Seus órgãos estavam parando, e seria muito egoísmo da nossa parte tentar postergar ainda mais o seu drama. Além dos órgãos internos, vovó tinha uma ferida enorme acima das nádegas, de tanto ficar sentada e deitada. Horrível! O tecido da pele parecia necrosado.

Quando os médicos saíram do quarto, vi-me só. Olhei para minha vozinha, que já respirava com dificuldade, acalmei-me e liguei para minha irmã relatando o fato. No início ela não concordou, mas depois foi se acalmando e aceitou o inevitável. Depois, liguei para o colégio em que minha mãe trabalhava e deixei um recado para que viesse direto para o hospital. Inventei uma desculpa para que não viesse desesperada e acontecesse coisa pior.

E o dia 19 passou. Acho que minha vozinha esperou passar o aniversário da minha mãe, pois, no dia seguinte, 20 de abril, ela veio a falecer. Nessa data estávamos todas do lado dela, menos meu irmãozinho. Mas no momento de sua morte, desabei. Não consegui ficar com ela nos minutos finais. Senti um aperto no peito e saí do quarto. Chorei até não poder mais. Acho que foi mais um desabafo por tudo que passei, pois creio que a morte física não é o fim.

Nunca tinha acompanhado o processo pós-morte. Depois de sua passagem, levaram o corpo para uma área do hospital onde o corpo é preparado. Como não tinha ninguém para acompanhar o processo, fomos eu e Priscila, amiga e irmã de Igreja. Andamos pelos andares subterrâneos do hospital, por aqueles corredores gelados – parecia cena daqueles filmes de terror, em que a pessoa se perde por túneis sombrios. Nem sabia que esse hospital tinha esses lugares! Enfim, levamos o corpo para a sala de preparação e lá vestiram minha vozinha, maquiaram suas faces, dando aspecto mais suave ao semblante sem vida.

Seu enterro foi diferente. Como sou salmista na minha comunidade (isto é, toco violão e canto durante as missas), muitos companheiros da Igreja, dos que puderam comparecer, estavam presentes ao enterro. Então, na hora do sepultamento, saímos todos os salmistas à frente do cortejo entoando os cânticos. E um desses diz: Não morrerei eu de viver para cantar os prodígios do Senhor!

E foi nessa força que enterrei o corpo de minha vozinha, na certeza de que ela estava indo para uma nova morada. Acho que fiz por ela tudo que podia, pois é na fase da doença e da insanidade que os idosos mais precisam da gente. Eu tinha apenas 19 anos, mas sabia o que tinha que ser feito. E Deus me fortalecia a cada amanhecer.

CAPÍTULO 50

Vida após a morte

Abril de 1994

Meu coração está dilacerado (olha o desânimo que falei acima do caso da minha avó). Tantos caras querendo ficar comigo e eu sozinha, sem querer ninguém, sinto que Deus me esqueceu. Todos temos nossos momentos onde achamos que estamos sozinhos. Mas lembre-se: é nessa hora que Jesus nos carrega no colo.

Mas tenho uma história para contar. Vocês pensam que vovó foi embora? Na-na-ni-na-não! Ela ficou comigo após a morte. Tudo bem que meio que perdida, pois ela não tinha consciência de que tinha desencarnado. Por isso, infelizmente, acabou me oprimindo. Eu acabei entrando em uma maré de desânimo. Não conseguia arrumar estágio e, estando em casa, sem a rotina de cuidados que me ocupava e preenchia quase todas as horas, aquilo me derrubava cada vez mais.

Mas como nada é por acaso, certo dia, depois de mais ou menos quatro meses do ocorrido, fui visitar Miranda na casa dela. Como ela não estava, fui ver sua avó, por quem tinha grande estima. E não é que ela bateu o olho em mim e viu minha vozinha?

Lembro-me que ela perguntou se tinha falecido alguém recentemente. Respondi que sim. E então ela descreveu as características de minha avó. E a avó da Miranda me explicou que minha vozinha não queria me fazer mal, mas que estava me oprimindo sem saber. Falou para eu colocar o nome dela em sete missas de oração por ela.

E já na segunda missa consegui arrumar emprego. A oração é a maior arma que temos. Hoje eu entendo melhor esse mecanismo e vejo o quanto minha avó foi amparada nessa fase pelos amigos de luz, com Jesus à frente coordenando tudo isso.

Ao ler *O Céu e o Inferno*, de Allan Kardec, percebi que em todos os depoimentos dados por vários espíritos, relatando sua experiência ao deixarem a vida física, todos eles dizem que a prece, em favor deles, foi o bálsamo providencial, auxiliando-os no processo de readaptação à vida nova. E agradecem as orações que foram feitas em seu favor. Achei isso maravilhoso!

Sei que está escrito na *Bíblia* para não evocar os espíritos, mas isso foi escrito na época de Moisés, quando o grande legislador hebreu teve de usar regras duras para com o povo daquele tempo, habituado a consultar os oráculos, pítons e pitonisas, a fim de estabelecer comunicação com os mortos, muitas vezes com objetivos levianos. O povo usava desse expediente com interesses puramente materiais. E por isso Moisés proibiu tais práticas.

Com Jesus, porém, essa lei foi revogada. Jesus mostrou que a mediunidade podia ser exercida de forma nobre, ética, e sem outro interesse senão a caridade. "Dá de graça o que de graça recebeste". Ao despedir-se dos apóstolos, tranquilizou-os afirmando que não os deixaria órfãos. "E eu rogarei ao Pai, e ele vos dará outro Consolador, para que fique convosco para sempre".[47]

E essa promessa foi cumprida, com o advento da doutrina espírita. Coube ao espiritismo explicar, de forma direta, o que Jesus dizia na forma velada. No século XIX, estando a Humanidade mais adiantada, a fenomenologia mediúnica foi apresentada não como algo sobrenatural, mas sim como fenômenos naturais, explicados à luz da ciência. E que tais manifestações são de todos os tempos. E continuarão se repetindo em todas as épocas da humanidade.

E é isso que acontece nos centros espíritas, onde o consolo vem para aqueles que perderam entes queridos e que precisam de consolo. Que estão perdidos, desesperados. E mais: a mensagem espírita é eminentemente moralizadora. Ensina a prática da caridade como caminho de salvação, isto é, o meio pelo qual iremos eliminar vícios e mazelas, adquirindo virtudes, com as quais estaremos devidamente vestidos para o grande banquete com Jesus. A caridade está pautada na regra áurea: "Não faça ao outro o que não gostaria que fosse feito a você mesmo". E quem é "o outro", você poderia argumentar. O outro é sempre o que está mais próximo de você.

16 de maio de 1994

Com a morte de minha avó coloquei na balança as inúmeras vezes que briguei e brigo com a minha mãe e fico me perguntando até onde isso vale. Não consigo mudá-la, ela tem a opinião dela e tenho que respeitar. Uma semana após a morte da minha avó, minha cachorra morreu.

Preocupada com a minha mãe, porque o bichinho era seu xodó chamei meu vizinho e pedi ajuda para enterrá-la. No final do quintal da minha casa havia uma área considerável de terra, com algumas árvores frutíferas. E foi lá mesmo!

---

47 João 14:16.

Na década de 90 não tinha o recolhimento de animais como se faz hoje. Pelo menos que eu soubesse. E foi assim, em um mês, foram-se minha vozinha e logo em seguida a cachorrinha de estimação, que não era nada pequena, porque era uma mistura de boxer com pastor.

Antes da fase final da minha avó, acabei tendo um breve namoro de três semanas com um rapaz quase da mesma idade, que me mostrou que idade não faz diferença. Eu que sempre procurava rapazes bem mais velhos, descobri em um rapazinho o quanto uma pessoa é especial, não pela idade, mas pela experiência adquirida nos anos vividos. Foi um relacionamento tranquilo.

Foi bom enquanto durou.

22 de junho de 1994

Mais um semestre acabou! Graças a Deus! Consegui passar em todas as matérias. Estou no quarto semestre do curso Processamento de Dados.[48]

Agora minha mãe está com dores no estômago e fico apreensiva. Já começo a pensar no pior. E acabei discutindo com ela, pois queria que ela pagasse o convênio em vez de consertar a televisão, que está com defeito.

Sinceramente achava que após a morte da minha avó tudo iria melhorar. Afinal, não tínhamos mais os gastos com remédios e convênio. Achava que ia arranjar rápido um estágio, que iria arranjar um namoradinho. Enfim, acreditava que tudo iria mudar dali para a frente. Mas então minha mãe vinha com essas queixas de dores no estômago. Mas, vou já adiantando que não era nada. Apenas uma gastrite nervosa. É que depois de termos passado por aquelas situações traumáticas, sempre estávamos imaginando o pior.

---

48 *O curso não existe mais. A Universidade lutou para que fosse reconhecido pelo MEC como ensino superior. Caso contrário, até meu emprego de hoje seria prejudicado.* ***Nota da autora.***

26 de junho de 1994

Pela primeira vez minha mãe deixou eu viajar com uma turma. Acabei viajando com o pessoal da faculdade para o litoral, foi muito gostoso, os meninos estavam em maioria, mas respeitaram por demais a gente, foi muito bom!

CAPÍTULO 51

Por que perdoar

12 de julho de 1994

Hoje estou dando continuidade à leitura de um livro que muito me faz refletir. E a parte abaixo me chamou muito a atenção: "Ao sair da minha casa, diante de tantas coisas que meus olhos veem, essas andorinhas, a dama elegante, esses meninos que jogam, as montanhas iluminadas, os jardins das casas, estes jovens alegres, este sério cavaleiro, este cachorrinho brincalhão, o condutor de ônibus... O mundo inteiro é um enorme sacramento de amor. Eu também o amo".

Segundo André Luiz, "O perdão sincero dissipa as pesadas nuvens do ódio que revestem o organismo perispiritual"[49]. E vejamos ainda este texto de Emmanuel:

49 Psicografia de Francisco Cândido Xavier

> Se somarmos as inquietações e sofrimentos que infligimos a nós mesmos por não perdoarmos aos entes amados pelo fato de não serem eles as pessoas que imaginávamos ou desejávamos que fossem, surpreenderemos conosco volumosa carga de ressentimento que nada mais é senão peso morto, a impelir-nos para o fogo inútil do desespero. O perdão sincero é filho espontâneo do amor e, como tal, não exige reconhecimento de qualquer natureza. Portanto, quando alguém perdoa, não deve mostrar a superioridade de seus sentimentos para que o culpado seja levado a arrepender-se.[50]

Olha o que diz *O Evangelho segundo o Espiritismo:*

> A diversidade na maneira de sentir, nessas duas circunstâncias diferentes, resulta mesmo de uma lei física: a da assimilação e da repulsão dos fluidos. O pensamento malévolo determina uma corrente fluídica que impressiona penosamente. O pensamento benévolo nos envolve num agradável eflúvio. Daí a diferença das sensações que se experimenta à aproximação de um amigo ou de um inimigo. Amar os inimigos não pode, pois, significar que não se deva estabelecer diferença alguma entre eles e os amigos. Se este preceito parece de difícil prática, impossível mesmo, é apenas por entender-se falsamente que ele manda se dê no coração, assim ao amigo, como ao inimigo, o mesmo lugar. Uma vez que a pobreza da linguagem humana obriga a que nos sirvamos do mesmo termo para exprimir matizes diversos de um sentimento, à razão cabe estabelecer as diferenças, conforme os casos.

---

50 Psicografia de Francisco Cândido Xavier.

> Amar os inimigos não é, portanto, ter-lhes uma afeição que não está na natureza, visto que o contato de um inimigo nos faz bater o coração de modo muito diverso do seu bater quando em contato com um amigo. Amar os inimigos é não lhes guardar ódio, nem rancor, nem desejos de vingança; é perdoar-lhes, sem pensamento oculto e sem condições, o mal que nos causem; é não opor nenhum obstáculo à reconciliação com eles; é desejar-lhes o bem e não o mal; é experimentar júbilo, em vez de pesar, com o bem que lhes advenha; é socorrê-los, em se apresentando ocasião; é abster-se, quer por palavras, quer por atos, de tudo o que os possa prejudicar; é, finalmente, retribuir-lhes sempre o mal com o bem, sem a intenção de os humilhar. Quem assim procede preenche as condições do mandamento: Amai os vossos inimigos.

Além de tudo, perdoar faz bem à saúde. Remoer a mágoa pelo que a pessoa fez ou mesmo manter a raiva, tudo isso libera o hormônio do estresse em níveis maiores que o normal, como a adrenalina e o cortisol. E isso atrapalha o sono, alterando a pressão arterial, a frequência cardíaca e a glicemia.

Tem uma parte da *Bíblia* que também é maravilhosa: "Este livro da Lei deve estar sempre em seus lábios; medita nele dia e noite, para que tenhas o cuidado de agir de acordo com tudo que está escrito nele. Assim serás bem-sucedido nas tuas realizações e alcançarás êxito. Não te ordenei: Sê firme e corajoso? Não temas e não te apavores, porque Yahweh, teu Deus, está contigo por onde quer que andes". (Josué 1:8-9.)

Fiquei duas semanas de cama. Um pouco devido à doença e também devido ao desânimo mesmo. Estou sem emprego, sem motivo para me levantar da cama. Antes ainda tinha minha avó pela qual eu era obrigada a levantar para cuidar dela, mas agora, graças a Deus, ao participar da Convivência com meus catequistas, ganhei novo ânimo e me reergui.

Eu não conseguia perdoar. Eu estava ainda magoada. E aquilo me castigava. Era preciso superar o ressentimento. E assim fui ao Evangelho e aos textos bíblicos. E encontrei em Mateus, capítulo 11, versículos de 28 a 30:

> Vinde a mim todos o que estais cansados sob o peso de vossos fardos e vos darei descanso. Tomais sobre vós o meu jugo e aprendei de mim, porque sou manso e humilde de coração, e encontrareis descanso, pois o meu jugo é suave e meu fardo é leve.

E também em João, capítulo 15, versículos de 1 a 17.

> Eu sou a videira verdadeira, e meu Pai é o agricultor. Todo ramo que, estando em mim, não dá fruto, ele corta; e todo que dá fruto ele poda, para que dê mais fruto ainda.
>
> Vocês já estão limpos, pela palavra que lhes tenho falado.
>
> Permaneçam em mim, como eu em vós. Nenhum ramo pode dar fruto por si mesmo, se não permanecer na videira. Vocês também não podem dar fruto, se não permanecerem em mim.
>
> Se observais meus mandamentos permanecereis no meu amor. Eu vos digo isso para que a minha alegria esteja em vós, e vossa alegria seja plena.
>
> Já não vos chamo de servos, porque o servo não sabe o que o seu senhor faz, mas vos chamo de amigos, porque tudo que ouvis de meu Pai eu vos dei a conhecer. Este é o meu mandamento: amem-se uns aos outros, como eu vos amei.

CAPÍTULO 52

Superando traumas

26 de julho de 1994

Não consigo ajudar minha mãe financeiramente e acabo me sentindo inútil. Ontem quase que tive que ir no centro da cidade vender mais uma joia da família para poder pagar a matrícula da minha faculdade. Estamos sem grana até para comer, e eu tendo que pagar a matrícula da faculdade. Isso me mata! Mas Deus acabou provendo novamente. O dinheiro apareceu no momento certo. Deus manda seus anjos. No nosso caso, os amigos da Igreja.

Um dos amigos da Igreja enviou-me um texto do Sermão do Monte, quando o Mestre aponta as aves do céu e observa que elas não semeiam, nem colhem, nem armazenam em celeiros, e, no entanto, Deus as alimenta. *Não valeis vós mais do que as aves?*

Maravilhoso sermão! Aliás, como já afirmou Gandhi[51], ainda que todos os livros da Terra fossem queimados, mas se fosse preservado o texto das Bem-Aventuranças, que é o Sermão do Monte, nada estaria perdido.

Mas que ninguém interprete essas palavras do Cristo como um convite à inércia. Não! A advertência do Mestre é para que "não nos fatiguemos pela posse do ouro", que é bem diferente do dever que temos todos de trabalhar e prover a nós mesmos e a família nas necessidades da vida material.

> ***7 de agosto de 1994***
>
> *Esta semana uma amiga da faculdade veio me dizer que seu pai entrou em princípio de coma no Hospital do Servidor Público, onde o Paulo trabalha. E que os médicos não estavam dando uma posição certa do seu estado. Ela sabia que a doença do seu pai, se fosse bem controlada, não causaria esses apagões, mas que não tinha quem a ajudasse. Então, tive de engolir meu orgulho e pedir ajuda ao Paulo, meu ex-namorado.*

Pois vejam só. De ex-namorado, Paulo serviu-se desta vez como terapeuta. Eu lhe contei dos meus traumas. E então, ele se sentou na minha frente e usou os seus conhecimentos de psicologia. Pediu-me para concentrar, imaginar que estava dentro de um cinema. Ali, eu era a única espectadora do filme que seria projetado.

Esse filme era o episódio de dois anos atrás entre eu e Fábio. E à medida que fui recordando dos fatos ele me estimulava a contar mais e se preciso reviver todos os lances dramáticos daquele momento. Ele pedia para que repetisse as frases entaladas na garganta, que gritasse, gesticulasse, e pusesse para fora tudo que estava

---

51 Mohandas KaramChand Gandhi, que os hindus denominavam *mahatma*, isto é, Grande Alma.

engasgado. Ele sabia que eu precisava vencer esse trauma e ele sabia como fazer.

E, desde então, as coisas começaram a melhorar para mim. Veja o que registrei no diário, na semana seguinte.

> *Uma novidade maravilhosa é que finalmente consegui emprego! Tive duas propostas: uma para trabalhar em um banco. E outra para trabalhar em uma empresa de terceirização de computadores de grande porte e rede. Aceitei aquela que me dava mais garantia de efetivação, é claro!*

Tudo é um verdadeiro teste. As propostas vieram depois que eu havia "desencanado", isto é, depois de sair daquela ideia obcecada de que tinha de arranjar emprego imediatamente. Era uma neurose que me consumia. Quando acalmei e pus nas mãos de Deus, então surgiram as propostas. Mas isso não quer dizer que tinha cruzado os braços. Não. Apenas parei de me martirizar. A vida nos pede paciência e perseverança, e sempre nos indica o melhor caminho, no momento certo.

E eu era teimosa. Colocava tudo nas mãos de Deus. Mas se Ele demorasse muito a resolver, eu tirava das mãos d'Ele. Se eu confiasse mais, não teria essa angústia no coração. Pois é esse o aprendizado. Acho que ainda não consegui assimilar (risos). Melhorei muito, mas fiz muitas burradas, atropelei o andamento de muitas coisas, por não saber aguardar e confiar.

Mas uma coisa aprendi. Tem momentos em que temos que agir. A decisão é nossa. Mas, claro, não é proibido pedir inspiração divina. Não podemos nos acomodar, mas agir. E quando o momento é de agir, aja. Mas nada de atropelar os acontecimentos ou agredir pessoas, mesmo que estejamos com a razão. Se você tira o bolo antes dos 30 minutos de cozimento, você, pela sua pressa, comerá o bolo ainda cru, não é? O mesmo ocorre na nossa vida.

E na faculdade enfrentei alguns dissabores também. Um dos colegas de classe me "expulsou" do grupo de trabalho, alegando que eu vinha participando pouco das atividades. Justifiquei que tivera problemas no lar, com a doença de minha vó e o seu falecimento. Ele se fez de surdo. E eu tive de ir para outro grupo.

Senti raiva do rapaz, mas depois, refletindo melhor, entendi essa verdade dura. Ninguém suporta ouvir lamentações. "Ai! Hoje me aconteceu isso. Oh! Como sou infeliz..." Se você vive sempre se queixando de tudo, haverá um momento em que ninguém vai acreditar mais na sua dor. E vão dizer que você sofre daquela síndrome. A síndrome do coitadinho.

CAPÍTULO 53

Caridade, caridade

10 de outubro de 1994

Ainda que eu falasse a língua dos homens e dos anjos, mas não tivesse caridade, eu nada seria. Ainda que tivesse o dom da profecia e conhecesse todos os mistérios, mas, sem caridade, seria como sino que tine. Ainda que tivesse toda a fé, a ponto de transportar montanhas, mas não tendo caridade, nada disso me aproveita. Ainda que distribuísse todos os meus bens aos pobres e entregasse meu corpo para ser queimado. Todavia, se não tiver caridade, nada disto me aproveita.

A caridade é paciente, é benigna; a caridade não é invejosa, não obra temerária nem precipitadamente, não se ensoberbece, não é ambiciosa, não busca os seus próprios interesses, não se irrita, não suspeita mal, não folga com a injustiça, mas folga com a verdade. Tudo tolera, tudo crê, tudo espera, tudo sofre.

Agora, pois, permanecem a fé, a esperança e a caridade, estas três virtudes; porém a maior delas é a caridade. (Paulo, I Coríntios, XIII: 1-7 e 13).

Essa semana bateu na porta de casa dois garotos que pediram algo para comer. Ao dar o alimento, comecei um bate-papo com eles. Descobri que eles são da Fundação Estadual para o Bem-Estar do Menor, a Febem, e que um deles recebe a visita frequente da mãe, ao contrário do outro, que só vê a mãe algumas poucas vezes. Mas, disse ele, isso ocorria porque ela estava ocupada preparando a casa para quando ele saísse da Febem e voltasse para o lar.

Aí vem a consciência. Apesar das brigas com a minha mãe, não tenho do que reclamar. Ela estava e está sempre comigo. Sei que ela me ama, e que está fazendo o seu melhor. Afinal, ninguém é perfeito. Muito menos os pais.

Esses anjos que Deus coloca em nossa vida são fora de série! O consolo não veio dos amigos mais próximos, não veio dos familiares, não veio da Igreja... Veio de pessoas fora do meu convívio.

15 de março de 1995

Estou me afundando, não tenho vontade de levantar da cama. Só saio mesmo para trabalhar, onde me distraio um pouco. Fora isso nem fome tenho. Quero ficar no meu canto e não fazer mais nada.

16 de março de 1995

Ontem tomei um calmante, mas não resultou em nada. Cheguei quase ao extremo. Mas acabei passando o dia todo deitada. Não queria ver ninguém. Minha vó se foi. A única que me fazia levantar era ela, pois sabia que só tinha eu para cuidar. Meu Deus! O que o Senhor quer de mim? Não basta tudo que passei? Sinto que estou fazendo minha mãe sofrer, sinto que fracasso a cada dia.

Pobre criatura! Quanto sofrimento. Mas essa de brigar com Deus, não deu para entender. Mas foi isso mesmo. Dessa vez descri, perdi a fé. Não percebi a depressão. Queria resultados milagrosos. Queria que tudo se resolvesse em um passe de mágica. Mas não é assim. Muitas vezes o problema permanece, pois ainda não aprendemos com ele. Por isso podemos ter nossos dias de descrença. Mas o importante é sempre retornar para a casa do Pai, como na parábola do Filho Pródigo. O importante é saber onde está o nosso alicerce.

3 de julho de 1995

Não tinha vontade mais de sair de casa, de me arrumar, muito menos de ir na Igreja, levantava só para ir trabalhar e seguia com essa rotina, foi quando uma amiga do trabalho me deu um livro que me despertou. Esse livro explica o porquê de estarmos vivos.

Deus é tão maravilhoso que dessa vez não teve nenhuma pessoa "milagrosa" que me tirasse da fossa. Foi um livro. Um livro que me mostrou como tudo é passageiro. Que devemos dar o melhor nesta vida. Como somos pequenos em relação ao Universo e como é importante estar viva. Um livro que me impulsionou a servir mais e perceber que não devemos criar nossos filhos para nós e sim para a vida.

Não devemos fazer algo para alguém esperando algo em troca, um agradecimento, um abraço. Temos que fazer o bem apenas porque é o certo. E de coração aberto. Que devemos ter metas sim, mas não fazer delas nosso único objetivo. Percebo que muitos vivem obcecados por uma profissão, por dinheiro, por carro novo, e não conseguem ver o verdadeiro sentido da vida.

Não devemos tentar moldar o pensamento das pessoas nem mudar a forma de como pensam, pois, cada um tem o seu momento, e esse momento pode nem se dar nesta vida. Cada um tem o seu tempo certo para despertar. Não devemos nos revoltar com a pobreza, com as dores, com a fome. Enfim, não devemos lamentar o sofrimento dos outros, mas saber compreendê-los e ajudá-los sempre que for possível. Tente transformar sua cruz em algo mais leve; deixe Jesus carregar contigo. Só assim seremos felizes. Mesmo que ao seu redor você veja tanta desgraça.

Peça sempre a Deus sabedoria para te guiar ante problemas que não têm solução. Tudo tem a hora certa. Mas para isso temos que confiar. Ore sempre. Você nunca está sozinho. E no momento certo Deus manda seus anjos. Consegui sair do inferno que eu mesma criei na minha mente, lendo esse lindo livro chamado *Pelas portas do coração*. Acho que isso é um pequeno resumo de tudo que falei até o momento e que descobri por mim mesma, aos 21 anos, através dessa leitura.

CAPÍTULO 54

Centro espírita

8 de novembro de 2018

Tenho que interromper um pouco a história do passado, para contar o que está acontecendo comigo nestes últimos dias. Acompanho um nódulo na mama há dois anos, e, do penúltimo exame para o último ele cresceu 2 milímetros. E tem ao todo 8mm. Não é grande, né? Mas como minha irmã teve câncer e meu pai morreu de câncer, como já comentei, entrei na biópsia.

E ainda não estou entendendo por que deixei chegar a esse estado. Estudei tanto sobre as consequências das nossas atitudes no que diz respeito à falta de perdão, o ressentimento, a mágoa. Fico pensando, dia e noite, se há alguém de quem ainda tenho ressentimento... E como deixei isso acontecer? Não tenho respostas.

Resolvi ir ao centro espírita para iniciar um tratamento. Lá não terei as respostas. Mas tenho certeza que Deus me confortará.

E sei que já está me confortando, dando-me coragem para fazer a biópsia, com tranquilidade, e aceitar o resultado. Vou buscar um pouquinho de energia, para o meu espírito. Os dois centros que devo visitar ficam muito longe para ir de ônibus. Estão em regiões difíceis. Mas estou disposta a ir sem reclamar do percurso. Um deles foi recomendado por uma amiga do meu antigo trabalho.

Lembra que comentei sobre meu afastamento das pessoas?

Pois bem! Hoje sou a pessoa que cumprimenta a todos sem distinção e tento ajudar a todos. Porém, não sou de frequentar muitos círculos sociais. Não participo de almoços. Faço minha academia na hora do almoço e tento ser a mais justa possível. Mas dentro desse meu comportamento temos um critério: não podemos nos afastar das pessoas, pois é através delas que aprendemos a nos comportar, a amar e perdoar.

Mas tudo em equilíbrio, pois não consigo mais ficar em uma roda onde todos falam mal dos outros. Portanto, não deixo de ser educada e de ajudar até essas pessoas, mas não são o tipo de pessoas que escolheria para uma conversa edificante, um "papo cabeça", ou mesmo para me desabafar, caso precise.

Por fim, acabei tendo duas amigas nesse meio tempo que são meus anjos. Ontem uma delas me ligou e falou, sem que eu pudesse negar, que iria comigo de qualquer jeito no centro que ela indicou. E, hoje, aquela que trabalha comigo também veio dizer a mesma coisa. E como disse, não consegui dizer não, pois sei que elas iriam ficar chateadas.

21 de novembro de 2018

Enfim fiz a biópsia. Ainda não tenho o resultado, mas a ida ao centro foi realmente o que eu esperava. Equilibrei-me, orei, e sei agora que não posso evitar uma prova que é minha e pela qual devo passar. Sei que se o desafio veio nesta vida é para o meu aprimoramento, aprendizado ou até mesmo para corrigir algo que não foi nesta passagem que causei. E se for, bora olhar para frente, lutar e não parar de tentar ser alguém melhor.

22 de novembro de 1995

Hoje deveria ser o dia mais feliz da minha vida, porque devo viajar para a Itália. Mas não está sendo. Estou aqui no meu quarto trancada, meu irmão não me deixa sair e minha mãe saiu de casa desesperada.

Ontem, em uma conversa com minha filha, ela desabafou que estava de "saco cheio" de ajudar a todos e não ser correspondida. Lembrei de tudo que relatei aqui. Das inúmeras vezes que me senti assim. E disse a ela que temos que insistir nas atitudes corretas. Fazer o bem, mesmo que todos não retribuam da mesma forma.

Na época da juventude, como vocês viram, eu me revoltava e muitas vezes chutava o balde, pois reagia sem pensar. Era um toma-lá-dá-cá. Afinal, pensava eu, sempre guardei tudo, no íntimo, e agora precisava falar o que penso e provar que estava certa.

Hoje, vejo que quando não conseguimos colocar o que pensamos, com sabedoria e tranquilidade, perdemos a razão. E se não estamos em condições de usar as palavras certas, então é melhor calar. E agindo assim, não estou dando uma prova de fraqueza, de que sou boba e ingênua ou mesmo que acredito em tudo e em todos. Não! Simplesmente estou usando de um mecanismo de defesa, de proteção, pelo qual evito magoar ou ser magoada.

E com a atitude dessas duas amigas, posso dizer que valeu a pena. Não esperava. Acho que até nem mereço esse amor. Obrigada, Deus, e obrigada às minhas queridas. Por isso continuo a dizer: não espere nada de ninguém e nem uma recompensa ainda nesta vida. Mas insista em se manter no bom caminho, pois hoje tive algo tão bonito, olhei para trás e vi que valeu a pena.

Sei que muitos não precisam de uma Igreja, um templo ou uma casa espírita para se encontrar ou mesmo para orar, pois acredito que há pessoas que têm Deus no coração em tempo integral e conseguem o equilíbrio. Mas sei também que muitos não vão por orgulho, por se sentirem autossuficientes. Se vocês soubessem o quanto Deus também fala conosco nesses lugares, seja ainda lendo a *Bíblia* ou *O Evangelho segundo o Espiritismo*... Ah... Acho que tudo seria mais leve!

Uma nota gostaria de deixar! Tenhamos cuidado na escolha das instituições nas quais buscamos auxílio. Há muitos centros que prometem curas milagrosas. Mas a vida não funciona assim. Se formos merecedores, e se for o momento, poderemos superar uma dificuldade orgânica ou mesmo uma influência espiritual. Caso contrário, o auxílio que buscamos poderá prejudicar ainda mais o nosso quadro, pois se estamos com o campo vibratório baixo ou se não formos suficientemente merecedores, tenha a certeza de que atrairemos entidades espirituais desequilibradas, tanto quanto nós mesmos.

CAPÍTULO 55

Transição planetária

23 de dezembro de 1995

Mais um mês se passou desde minha partida para a Europa. Vou resumir como foi minha viagem. Em Veneza, Itália, andamos de gôndola e me emocionei muito com um casal do Caminho que celebrou o noivado durante o passeio. Nesse caso, a vocação que encontraram foi mesmo o casamento.

Mas não fui apenas para conhecer alguns países, não. Estava numa peregrinação. Fomos em busca de nossa vocação espiritual. E éramos muitos. Só do Brasil, 1.500 jovens. Do mundo inteiro foram quase 300 mil. Tivemos encontro com o fundador da Comunidade.

Fico me perguntando: isso foi coisa do destino? Eu, na Itália? Eu que nem havia sido sorteada para a viagem?

Tudo começou quando o responsável pela comunidade fez o chamado de vocação e encontro para os jovens um ano antes da viagem. E desde então, todos os jovens do Caminho fizeram vários eventos para arrecadar dinheiro para aqueles que não conseguiriam pagar pela viagem. Em torno de um mês antes da data prevista para o embarque, fizemos o sorteio dos que seriam agraciados com a ajuda financeira. Eu, meu irmão e minha irmã estávamos nessa. E não é que o meu irmão e minha irmã foram sorteados?

Como minha irmã sabia bem o que queria da vida e não pretendia seguir o celibato, eu me ofereci para ir no lugar dela. E ela topou. Então, tratei com minha chefia no trabalho a possibilidade de adiantar minhas férias. E assim foi feito. E olha que eu ainda nem tinha direito a férias, porque não havia completado um ano de trabalho.

Confesso que um dos grandes motivos de ter ido foi para me encontrar como pessoa, pois estava me invadindo um sentimento de seguir o caminho do celibato. Sim! É verdade.

Foram onze horas de viagem, com primeira parada em Barcelona, na Espanha. Barcelona é um lugar lindo! Quem sabe, um dia volto a essa cidade, acompanhada, para visitar melhor, com mais calma. Depois fomos para a França. Passamos por Nice, onde comi a pior comida da minha vida: patê de pato. Nossa!

> *Como aqui é tudo tão diferente! A educação é demais. Se colocamos o pé na faixa de pedestre, os carros simplesmente param! A arquitetura é antiga. Parece que voltamos no tempo. Mas tudo muito bem conservado. Após Cannes, seguimos para Milão, uma cidade também muito bonita e grande, mas diferente de Barcelona, por ter prédios não tão antigos. Parece que estou em outro mundo.*

Entrar e navegar pelas gôndolas no meio de Veneza foi um sonho. Sentia-me livre e confiante em mim mesma. Estava sem ninguém, mas estava bem. Vivi o romantismo comigo mesma. Quando fomos embora, já na proa do barco que nos levava à cidade em que estávamos hospedados, pude refletir mais um pouco e perceber o quanto essa viagem estava sendo importante, o quanto eu estava me encontrando.

Na Itália pude saborear a pizza italiana, da qual, por sinal, não gostei muito, pois a massa era um pouco doce. A macarronada é al dente. Já o sorvete, nunca tinha provado algo tão gostoso em minha vida. Florença é uma das cidades mais lindas que conheci. As ruas também são estreitas e com construções antigas; no entanto, o que mais me chamou atenção foi uma catedral no meio de um pátio enorme. Nesse pátio havia vários restaurantes, cafeterias e bares, todos eles cercados de lindas flores, vermelhas em sua maioria. Parecia paisagem de cartão postal. Magnífico! Até vimos algumas réplicas das obras de Leonardo da Vinci.

No Vaticano, o tempo tinha parado realmente. Voltamos à Idade Média ou Antiga. Na estrutura interna da Catedral era tanto ouro, que fiquei imaginando quantas pessoas poderiam ser ajudadas com tudo aquilo; quanta fome poderia ser acalmada. Mas não cabe a mim julgar.

Visitamos o Coliseu e as catacumbas, onde os cristãos primitivos se reuniam para orar, às escondidas. Descemos cerca de 18 metros. É incrível a arquitetura local. E como ainda está tudo intacto, após mais de 2.000 anos! Às vezes fico imaginando que engenharia admirável possuíam os romanos já àquela época, mesmo não contando com os recursos tecnológicos da atualidade.

O Coliseu na verdade é um monte de ruínas, como vemos nos cartões postais e agora também pela Internet. Nessa visita, senti que cada pedra daquelas estruturas ainda carrega a dor, o sofrimento, o sangue de muitos cristãos que foram lançados aos leões. Quanto amor a Cristo! Quanta fé naqueles corações! Que exemplo esses cristãos deixaram à humanidade!

Acho que eu não daria nem o dedinho do meu pé pela minha crença. Como sou atrasada! O que dizer dessa época? É incrível. Ao olhar para o passado, vejo o quanto éramos bárbaros. E estou me incluindo nessa horda de malfeitores. Vai saber se eu não atirei alguém à cova dos leões? Vai saber se eu não estive perseguindo judeus durante a Inquisição? Olhando para todo esse passado, não terei eu mesma participado de algumas dessas barbaridades?

Mas estamos evoluindo, não estamos? A Terra vai deixando o estado de planeta de provas e expiações e vai ingressando em novo estágio, superior, que é o de planeta de regeneração. Por isso, ouvimos dizer que vivemos um período de transição.

Creio nisso, apesar de, sinceramente, achar que não vou chegar a ver essa virada. Talvez na próxima reencarnação. Vejam a escala dos mundos, tal como Allan Kardec apresentou na codificação.[52]

Mundos primitivos *– Nos mundos primitivos, destinados às primeiras encarnações da alma humana, a vida, toda ela material, limita-se à luta pela subsistência. O senso moral é quase nulo e, por isso mesmo, as paixões reinam soberanas. A Terra já passou por essa fase.*

Mundos de expiação e provas *– Nesses mundos o mal predomina. É a atual situação da Terra, razão por que aí vive o homem a braços com tantas misérias.*

Mundos de regeneração *– São mundos em que as almas que ainda têm o que expiar haurem novas forças, repousando das fadigas da luta.*

Mundos ditosos ou felizes *– São os planetas onde o bem sobrepuja o mal e, por isso, a felicidade impera.*

Mundos celestes ou divinos *– São as habitações de espíritos depurados, onde exclusivamente reina o bem, visto que todos que aí vivem já alcançaram o cume da sabedoria e da bondade.*

---

52 *O Livro dos Espíritos*, de Allan Kardec, item 55. *O Evangelho segundo o Espiritismo*, de Allan Kardec, cap. 3, itens 2 a 4. *Páginas de espiritismo cristão*, de Rodolfo Calligaris. Págs. 16 a 19.

Agora imaginem! Estamos no segundo nível dessa escala, na condição de planeta ainda pouco evoluído, e muitas vezes nos achamos o máximo. Quanto ainda temos de caminhar! Quanto temos ainda a aprender! Como somos ainda arrogantes, a ponto de não reconhecer, em nosso irmão, que ele é filho de Deus, tanto quanto nós!

CAPÍTULO 56

Enfim, me encontrei

13 de novembro de 1995

Passamos também por Senigalia, uma cidadezinha litorânea encantadora, cheia de canteiros das mais lindas flores. As pessoas são simpáticas e acolhedoras. Em todas as casas, sendo elas comerciais ou não, tinha flores. No píer cheguei a contar 32 gatos! Nossa! Como a Europa tem gatos.

Durante uma das caminhadas, as pessoas se posicionavam nas calçadas das suas pequenas e lindas casas, oferecendo água para mitigar nossa sede, saudando-nos com frases de motivação e encorajamento. A energia era maravilhosa. Nosso grupo seguia com violões cantando as músicas do Caminho. Chegamos ao local quase à noitinha, depois de mais de cinco quilômetros de caminhada. Parecia uma fazenda com a grama muito bem aparada, com pequenos morros, e o palco ficava no centro, onde o fundador iria se pronunciar.

Não dava para acreditar, tamanha a quantidade de pessoas que havia nesse local! Começamos a cantar. E nesse momento senti algo indescritível. Uma emoção divina, pois ouvíamos todos cantarem em uma só voz, em línguas diferentes, mas que mais parecia uma só língua. A harmonia e a sintonia eram perfeitas. Foi maravilhoso! Conversávamos com os jovens de outros países sem medo de errar na língua. Gastamos um pouco do inglês, mas com espanhóis e italianos nos comunicávamos sem problemas. A interação e a união que sentíamos era algo lindo. Todos com o mesmo propósito, todos na mesma emoção.

Na hora do chamado, quando o fundador da comunidade pergunta quem gostaria de seguir o celibato, saí do meu grupo para chegar mais perto do palco. E nesse momento uma emoção me invadiu a alma. Ao meu lado, um senhor italiano começa a conversar comigo e conta um pouco do seu filho que virou sacerdote fazia pouco tempo. E que estava no palco com o fundador, anunciando a Boa Nova.

Não sei explicar. Nesse momento veio a resposta! Senti fortemente que não era para mim, mas que eu tinha que seguir meu caminho solteira ou mesmo com alguém. E o incrível é que eu entendia tudo o que o senhor italiano falava. Não me pergunte como, pois não conheço nada do idioma, embora seja uma língua latina como a nossa.

Novembro de 1995

E assim terminamos o que viemos fazer. Encontrar a nós mesmos. Sei que não precisaríamos ir tão longe para nos encontrar. Mas na época para mim foi necessário. Enfim, terminei minha jornada. Acabei descobrindo amigas que não me deixaram nenhum momento só. Apesar de ter ido procurar a solidão.

Porque, ao retornar ao lar, vi que as provas continuam. Mas eu estava mais preparada para enfrentá-las. Acho que perdoei minha mãe. Afinal, toda mãe quer o melhor para os filhos. E sei que ela tentou fazer de tudo para que eu não me magoasse ainda mais.

Hoje fico pensando: como pude amar desse jeito? Briguei com tudo e com todos por causa de um amor. Dei-me de corpo e alma, joguei-me de cabeça na esperança da cura da minha ferida, na esperança de esquecer o que passei. E apesar de achar que me ajudava no momento certo, não foi ele o meu destino. Mais uma vez.

Ninguém pode curar suas feridas. Mas Deus coloca algumas pessoas que podem ajudar a fazer os curativos. Tudo depende de você mesmo. Entreguei-me ao trabalho e tentei não pensar em mais nada. Parei de chorar pelos cantos. Levantei-me. Quero lutar, quero viver. Viver para mim mesma, sair, conhecer pessoas, continuar o caminho, mas sem alguém, sem procurar alguém. Vou deixar acontecer, vou viver. Agora é um novo tempo, vou tentar reclamar menos e agradecer mais! A caminhada não é fácil, mas também ninguém disse que era. O importante é que depois da tempestade vem a bonança. O levantar a cada dia, o seguir em frente, lembrando que, se ficar difícil, orar é a solução.

4 de dezembro de 2019

Bom, preciso falar do resultado. Deu negativo!! Portanto, dessa eu escapei! Não estou com câncer. Mas isso não quer dizer que não tenho que tirar algo como aprendizado. Talvez confiar mais, não ser tão apressada e ansiosa em tudo e rever o que ainda tenho dentro de mim no que se refere à mágoa e rancor, que possa ser retirado e transformado em amor e perdão.

7 de janeiro de 1996

Um novo ano! Uma nova jornada! Voltei para o Caminho depois de quase três meses sem aparecer na Igreja. E estou neste momento no quarto de um alojamento ouvindo as risadas dos companheiros da comunidade. Estou em viagem da Convivência de início de ano (uma passagem anual). São 0h20 e nada de o povo se acalmar.

Só não sei qual era esse tempo (risos). Sabe, a essa época achava que iria morrer cedo. Talvez seja isso Mas como podem ver, já estou com 46 e continuo viva, graças a Deus! Desde que terminei tudo com o Paulo nunca mais liguei para ele. E pude sentir que Deus me sustentou o tempo todo. Consegui erguer minha cabeça, dar valor a mim mesma e prosseguir. Decidi ficar sozinha, estudar e crescer profissionalmente. Percebi que estava melhor sem ele. Percebi o quanto eu era cega por ele, pois, mesmo não me assumindo, não conseguia me envolver com mais ninguém. Aquela incerteza me consumia. Foi aí que, para minha surpresa, Deus me deu um presente.

Estou namorando um rapaz de 28 anos que, a meu ver, é maravilhoso. Seu nome é Leonardo. Ainda tenho medo de passar o que passei. A paixão cega não faz bem para ninguém. Temos que usar o racional, não só o emocional. Tenho medo de me jogar de cabeça, mas vamos seguindo.

Conheci Léo no meu trabalho. Antes de mim, ele namorou uma menina mais velha por mais de sete anos. E eu sempre brincava, dizendo que ele estava enrolando a namorada. E ele sempre me respondia: "Ou ela está me enrolando". Enfim eles terminaram e depois de pouco tempo começamos a namorar. Já achava ele uma gracinha, mas não imaginava que ficaria comigo.

O namoro é a melhor fase. É onde podemos dizer se o relacionamento vale a pena ou não. É onde podemos terminar e recomeçar. Sei que muitas vezes não conhecemos direito a pessoa com quem estamos, pois é normal sermos agradável, compreensível, amoroso apenas nos momentos que saímos com a pessoa. Faz parte do ser humano. Mas fiquemos atentos a pequenos detalhes, pois, se a pessoa não for doente ou psicopata, darão dicas se vale a pena.

18 de junho de 1996

Não sei mais se vou conseguir editar o livro. Minha vida virou de ponta cabeça. Estou grávida de quatro meses. Eu que não tinha vontade mais de viver, estou gerando uma vida. Nunca podia imaginar que isso ia acontecer comigo. Estou com medo mais do casamento do que de ser mãe. Casamento é coisa séria. Pois é! Vou me casar.

CAPÍTULO 57

Maternidade e casamento

6 de agosto de 1996

Estou com quase seis meses de gestação. Daqui a pouco meu menino nasce!! Sim, é um menino. Nossa! Quando vi o perfil do rostinho do meu menino pude perceber como a vida é frágil. Como damos valor a coisas erradas. Pude perceber a grandeza de Deus e como Ele faz tudo perfeito. Quanto a mim e meu marido – estranho eu falar "marido" –, as coisas estão melhorando, mas sinto que ele não gosta tanto de mim quanto eu dele.

27 de setembro de 1996

Meu nenê nasceu. Dei a ele o nome que significa "Presente de Deus". No começo quando falei o nome que estava pensando para meu marido, ele não gostou muito, por ser nome bíblico. Mas ele acabou nascendo de parto normal no dia do aniversário dele. Bom, aí ele virou para mim e disse: Tem que ser esse nome!

Meu nenê é o serzinho mais lindo que já vi. Sei que sou suspeita em dizer, mas ele é perfeito, tranquilo, fofo e bem cabeludo.

Um pouquinho mais de explicações que os espíritos nos trouxeram sobre o casamento. Vejamos as questões seguintes de *O Livro dos Espíritos*.

> **695.** O casamento, ou seja, a união permanente de dois seres é contrária à lei da Natureza?
>
> – É um progresso na marcha da Humanidade.
>
> **696.** Qual seria o efeito da abolição do casamento sobre a sociedade humana?
>
> – O retorno à vida dos animais.

Comentário de Allan Kardec:

> A união livre e fortuita dos sexos pertence ao estado de natureza. O casamento é um dos primeiros atos de progresso nas sociedades humanas, porque estabelece a solidariedade fraterna e se encontra entre todos os povos, embora nas mais diversas condições. A abolição do casamento seria, portanto, o retorno à infância da Humanidade e colocaria o homem abaixo mesmo de alguns animais que lhe dão o exemplo das uniões constantes.

8 de dezembro de 1996

Não sei direito que dia é hoje. Acho que é 8 de dezembro. Ainda estou de licença-maternidade e, ficando em casa direto, perco a noção do tempo. Meu nenê está cada vez mais fofo. Está com quase três meses e começando a fazer gracinhas. Deus me deu um presente maravilhoso!

Estes dias estava eu pensando na minha vida. E, ao ler um livro, comecei a refletir sobre o amor de mãe. Como é grande esse amor! Hoje sei. E posso entender que algumas atitudes que minha mãe tomou foram por amor, amor de mãe. Ela fez o seu melhor. Afinal, somos humanos e erramos.

Fico pensando em todas as minhas brigas com ela. Nossa! Foram muitas. Mas sei que todo adolescente briga muito com seus pais. Acho que tinha esquecido disso, pois, olha, minhas brigas com esse meu nenê na sua adolescência! Brigas horríveis! Comigo não foi diferente. Mas hoje vejo que se eu tivesse confiado mais nela e tentado ser um pouco mais amiga, talvez tivesse evitado tantos atritos. Mas acho que todos os filhos pensam que os pais estão em um patamar inalcançável. Pensam que eles são velhos demais e não nos entendem. Mãe, me desculpe. Te amo!

15 de fevereiro de 1997

Lamento sempre por não ter preparado a vinda do meu nenê como gostaria, para que sua vinda fosse com mais acolhimento. Tenho medo de que ele não saiba o quanto o amo. Em relação à situação financeira, com o meu trabalho, o da minha irmã e da minha mãe conseguimos nos estabilizar. Nós nos endividamos um pouco com o casamento, mas sei que é temporário.

Tudo ainda está meio complicado, pois minha vida mudou de uma vez. Mas de uma coisa não tenho dúvida: o meu amor pelo meu filho. O seu olhar terno me faz esquecer de tudo e dizer que valeu a pena. E como valeu a pena! Apesar dos pesares hoje é o dia mais importante de sua vida. E amanhã será sempre um novo começo. Fim.

Fim? Olha como encerrei meu diário! Esperava um pouco mais. Mas, quando somos jovens, sonhamos demais. Sonhamos com um namorado perfeito, forte, protetor. Sonhamos com a profissão ideal, onde sejamos reconhecidos e prestigiados, sonhamos com uma carreira brilhante, que seja uma linha ascendente. Sonhamos com uma cerimônia de casamento de dar inveja, com o vestido ideal. Sonhamos com a felicidade eterna...

Mas a realidade é bem diferente. Sinto não ter tido tempo para namorar mais, para escolher direito o vestido, para preparar, com mais cuidado, junto com o namorado, os detalhes do casamento. Queria ter tido mais tempo para escolher os doces, o bolo, e os outros quitutes que seriam servidos na comemoração. Queria ter escolhido, com calma, as flores para decoração da Igreja e tudo mais...

Meu casamento foi realizado de forma atropelada. Feito tudo às pressas. Como não tinha dinheiro, tudo foi acertado com a minha mãe e minha irmã. Não podia escolher muito.

Bom, esse "atropelo" completou 25 anos em 2021. Bodas de Prata! Acho que ninguém botava fé. Não é um casamento perfeito. Temos sempre altos e baixos, mas é mais fácil se separar do que insistir e cativar, dia após dia, com amor e perdão.

Se fosse por meu marido, nem casamento na Igreja teria! Às vezes me perguntava se ele realmente gosta de mim. Não pelo casamento na Igreja, mas por toda a nossa história.

Mas o que é importante em uma união? Não são as palavras "Eu te amo" nem o valor dos presentes em datas comemorativas, mas as atitudes, pois as atitudes valem mais do que palavras. O que é importante afinal? É o amor, o comprometimento, o sentimento, a lealdade, o carinho, o diálogo e principalmente o perdão. A cerimônia não é importante, mas a crença é de cada um. Ora, o que são os vestidos, as roupas, a decoração senão meros adornos e artefatos? Mas, enfim, se você se sente seguro com a bênção do padre, do pastor ou do médium da casa espírita[53], não tem problema. Procure a cerimônia na qual se sinta confortável.

53 Importante esclarecer que, no espiritismo, não se prestam cultos de qualquer natureza. Não há batizados, primeira comunhão, casamento, unção dos enfermos... etc. Não há culto exterior no espiritismo. Ainda assim, os noivos, quando espíritas, podem

E é no casamento que vemos atuar a lei do amor, onde aprendemos a amar o companheiro/a, aceitando-o/a da forma que é, sem esperar nada em troca, sem esperar que o companheiro ou companheira nos complete, sem esperar que nos traga a felicidade, sem esperar que seja bom para si. Quando nos comprometermos a fazer o próximo feliz, a felicidade volta para nós de alguma forma.

E assim, meus amigos, imensamente grata e emocionada, encerro estas páginas, esperando que possam servir de luz ou inspiração a quantos tiverem disposição de lê-las.

E quando você, jovem, menino ou menina, estiver vivendo a maturidade dos 45 anos ou mais, como eu estou vivendo agora, espero que possa olhar para um rosto saltitante e alegre igual ao seu nestes 12, 13, 14 ou 15 anos, e exclamar com indizível emoção: Ah! Meu filho, meu filho...

FIM

escolher uma noite especial, nas atividades da casa que frequentam. O expositor da noite poderá eleger um tema pertinente, como "Não separeis o que Deus juntou", que consta de *O Evangelho segundo o Espiritismo*, por exemplo. **Nota do revisor.**

CONHEÇA ESTES ESTUDOS:

Pensamento, força da alma

Donizete Pinheiro

Estudo • 15,5x22,5 cm · 256 páginas

Sempre analisados à luz da doutrina espírita, e fartamente embasados nos livros da codificação e em outros importantes personagens dentro do espiritismo, os diversos tópicos aqui tratados mostram-se de grande importância para o entendimento dessa força da alma – o pensamento.

Suicídio inconsciente

Edson Ramos de Siqueira

Estudo • 15,5x22,5 cm · 288 páginas

O tema suicídio é sempre muito debatido, mas, apesar de ser um assunto grave para se pensar sobre nosso comportamento atual, o *suicídio inconsciente* é tema de reduzida abordagem. Este livro se aprofunda no assunto para que possamos fazer uma análise aprofundada de nossa conduta.

Autocura à luz do espiritismo

Juliano P. Fagundes

Estudo • 15,5x22,5 cm • 224 pp.

Estudo visa mostrar o quanto somos capazes de interferir em nossa saúde apenas com nossos pensamentos e movimentando as energias do universo

CONHEÇA MAIS ESTES ROMANCES:

A família de Guzman

Denise Corrêa de Macedo • Arnold Numiers (espírito)

Romance mediúnico • 15,5x22,5 cm • 320 páginas

A família de Guzman vive período de grande sofrimento após Andrea, filha caçula, cometer suicídio atirando-se ao mar. Porém Victor, irmão da jovem, está determinado a transformar esse acontecimento fatídico em motivo de superação, encaminhando sua família para o entendimento da finalidade da vida.

Zaqueu e Jesus

César Crispiniano • Marie Sophie (espírito)

Romance mediúnico • 15,5x22,5 cm • 280 páginas

A história real de Zaqueu que, a partir do encontro com Jesus narrado no Evangelho, se tornou um dos mais ardentes divulgadores da mensagem de amor trazida à Terra pelo Mestre. Uma lição de transformação total que só os corações cheios de amor e entendimento são capazes de oferecer.

Quem olhará Romeu?

Dineu de Paula • Esdras (espírito)

Romance mediúnico • 16x22,5 cm • 288 pp.

Romeu, cigano de apenas 5 anos, é vendido em praça pública. Agora adulto, de temperamento frívolo e ambicioso, segue complicando sua trajetória evolutiva, como vem fazendo há várias encarnações.
Até quando Romeu persistirá nesse caminho obscuro, longe das leis de Deus?.